Partidos Políticos no Brasil
(1945-2000)

CB141824

Rogério Schmitt

Partidos Políticos no Brasil
(1945-2000)

terceira edição

ZAHAR

Copyright © 2000, Rogério Schmitt

Copyright desta edição © 2005:
Jorge Zahar Editor Ltda.
rua Marquês de S. Vicente 99 – 1º | 22451-041 Rio de Janeiro, RJ
tel (21) 2529-4750 | fax (21) 2529-4787
editora@zahar.com.br | www.zahar.com.br

Todos os direitos reservados.
A reprodução não-autorizada desta publicação,
no todo ou em parte, constitui violação
de direitos autorais. (Lei 9.610/98)

Capa: Carol Sá e Sérgio Campante
Vinheta da coleção: ilustração de Debret

Composição eletrônica: TopTextos Edições Gráficas Ltda.

Edições anteriores: 2000, 2001

CIP-Brasil. Catalogação-na-fonte
Sindicato Nacional dos Editores de Livros, RJ.

Schmitt, Rogério
S38p Partidos políticos no Brasil: (1945-2000) / Rogério
3.ed. Schmitt. — 3. ed. — Rio de Janeiro: Zahar, 2005.
(Descobrindo o Brasil)

Inclui bibliografia
ISBN 978-85-7110-560-7

1. Partidos políticos – Brasil – História. I. Título. II. Série.

CDD: 324.281
05-3462 CDU: 329(81)

Sumário

Introdução

Os regimes democráticos contemporâneos têm como um de seus principais requisitos a liberdade de organização partidária. É possível, entretanto, identificar na opinião pública e nos meios de comunicação brasileiros uma difusa avaliação pessimista sobre os partidos políticos em nosso país. Alguns chegam até mesmo a duvidar de sua existência efetiva. Motivado em grande parte por este diagnóstico, e dele discordando, este livro reúne as informações mais relevantes sobre os partidos brasileiros desde a constituição das primeiras organizações merecedoras dessa denominação.

Foi o fim do Estado Novo, em 1945, que possibilitou o surgimento dos primeiros partidos de caráter nacional, atuando sob condições de sufrágio universal, na história política brasileira. A democratização que se iniciava marcou a retomada de eleições periódicas e ininterruptas para o Congresso Nacional, que se sucedem até hoje. Desde então a história política do Brasil passou por três diferentes ciclos, cada um deles associado a um diferente quadro partidário.

A Terceira República (1945-64) foi a primeira experiência com a democracia representativa na história política brasileira, expressa através da Constituição de 1946. Nesse período houve seis eleições para o Congresso Nacional e quatro eleições presidenciais, além dos pleitos nas esferas regional (governadores e deputados estaduais) e local (prefeitos e vereadores).

A Quarta República (1964-85) iniciou-se com um golpe de Estado e foi um sistema político autoritário. A Constituição outorgada de 1967, bastante reformada dois anos depois pela Emenda Constitucional nº 1, foi o marco do novo equilíbrio de forças políticas. As eleições para os cargos executivos (como presidente e governador) tornaram-se indiretas, e passaram a ser controladas pelo governo. O calendário eleitoral para o Congresso Nacional foi, porém, integralmente mantido, e a população pôde comparecer às urnas em cinco oportunidades.

A Quinta República foi inaugurada em 1985 com o retorno dos civis à presidência. A Constituição de 1988 consagrou o arranjo político democrático contemporâneo. Em quinze anos, tivemos três eleições presidenciais, quatro eleições para o Congresso Nacional, outras quatro no plano estadual e quatro pleitos municipais, com um quinto a ser realizado em outubro de 2000.

Cada novo ciclo político teve o seu próprio sistema partidário. Houve dois períodos de multipartidarismo, durante a Terceira e a Quinta Repúblicas, separados pelo bipartidarismo, que durou por quase todo o regime autoritário.

O bipartidarismo brasileiro foi bastante peculiar, dada a sua natureza compulsória. A legislação eleitoral da época na prática impedia que se constituíssem outros partidos. Os partidos de apoio e de oposição ao regime militar não foram somente as únicas agremiações partidárias a ocuparem os cargos eletivos disponíveis; foram também as únicas a disputarem as próprias eleições. Este caráter artificial e arbitrário do sistema bipartidário no Brasil tornava-o muito diferente do bipartidarismo democrático (como, por exemplo, os casos americano e britânico), no qual há plena liberdade de organização partidária e de acesso às urnas, mas há somente dois partidos com relevância política.

O multipartidarismo foi a modalidade de competição partidária que prevaleceu nos dois períodos democráticos da história política brasileira. O número de partidos que obtiveram registro eleitoral (definitivo ou provisório) na Terceira República foi superior a 30. Na Quinta República, essa cifra já passou de 70. Qual o significado dessa aparente fragmentação partidária?

Os números acima na verdade dizem muito pouco sobre o real quadro partidário nos dois períodos. O multipartidarismo, no Brasil e alhures, não está baseado na quantidade formal de legendas que disputam as eleições, e sim no número de partidos politicamente significativos. Será que, por exemplo, as 70 siglas da Quinta República tiveram todas a mesma importância?

Obviamente, a resposta é negativa. Por esse motivo, adotei um critério de seleção que me permitisse tratar somente dos partidos com alguma representatividade política em cada um dos dois ciclos multipartidários — portanto abordei aqui apenas as legendas que obtiveram representação no Congresso Nacional como conseqüência dos resultados eleitorais, isto é, das preferências dos próprios eleitores: 14 partidos na Terceira República e 25 na Quinta República. Todos os demais, ainda que numerosos, foram deixados em segundo plano, com base no seu caráter pouco competitivo ou efêmero.

Resolvi privilegiar a dimensão eleitoral dos partidos políticos. Adotei uma definição bastante simples, porém abrangente, do que sejam tais organizações. Partidos políticos, de acordo com a minha terminologia, são associações de indivíduos com a finalidade de disputar eleições e, por esse meio, vir a colocar os seus membros no poder.

Os partidos também podem ser estudados a partir de suas dimensões sociológica (organização interna, perfil social de seus membros etc.) e legislativa (atuação parlamentar, implementação de políticas públicas etc.), mas, salvo menção em contrário, não me valerei deste tipo de evidência. As informações que apresento dizem respeito basicamente ao desempenho dos partidos brasileiros diante das urnas.

Os partidos políticos na Terceira República

O ciclo político que se iniciou com o término da ditadura personalista de Getúlio Vargas — em 1945 — e que foi encerrado com a deposição do presidente João Goulart — em 1964 — representou a primeira experiência com a democracia na história brasileira. Basta mencionar que em nenhum momento anterior de nossa trajetória política e institucional combinaram-se de modo duradouro o sufrágio universal e eleições competitivas, isto é, com efetiva alternância no poder.

No entanto, a democracia que vigorou na Terceira República ainda padecia de algumas limitações, especialmente se comparada com o sistema democrático atual. Por exemplo, a proibição ao voto dos analfabetos, por um lado, e a ilegalidade dos comunistas a partir de 1947, por outro. O atual regime constitucional, ao contrário, garante o direito ao sufrágio dos analfabetos (em caráter voluntário) e o livre funcionamento partidário.

Ainda nos últimos meses de vigência do Estado Novo, o governo decretara um código eleitoral provisório, que regulamentaria as eleições presidenciais e para a Assembléia Nacional Constituinte (função de que se revestiria temporariamente o Congresso Nacional), marcadas para 2.12.1945. Este código (Decreto Lei nº7.586, de 28.5.1945) ficou conhecido como Lei Agamenon, em referência ao seu elaborador, e então ministro da Justiça, Agamenon Magalhães.

Foi precisamente a Lei Agamenon que introduziu na legislação eleitoral brasileira a exigência de organização em bases nacionais para o registro de partidos políticos pelo Tribunal Superior Eleitoral. O critério estabelecido naquela ocasião foi o de conceder o registro eleitoral provisório a todas as organizações partidárias que fossem apoiadas por listas de pelo menos 10 mil eleitores. Esse total deveria estar, por sua vez, distribuído em no mínimo cinco estados da federação, com não menos de 500 eleitores em cada um deles. A Constituição promulgada em 18.9.1946 logo consagraria a exigência de caráter nacional para os partidos políticos, uma determinação que também se repetiria em todos os textos constitucionais posteriores.

Tal cláusula viria a ser regulamentada infraconstitucionalmente pelo novo Código Eleitoral (Lei nº1.164, de 24.7.1950), que vigorou até 1965. O caráter nacional dos partidos passou a ser estipulado pela exigência da filiação de um mínimo de 50 mil eleitores, espalhados em cinco ou mais estados da federação, com pelo menos mil eleitores em cada um.

Durante a Terceira República, o TSE concedeu registro provisório a 32 organizações partidárias. Entre 1947 e 1952, entretanto, 16 desses registros foram cancelados, em quase todos os casos devido ao não cumprimento dos requisitos organizacionais para a obtenção do registro definitivo. Em 1946, outros três partidos já se haviam fundido entre si. Quando do golpe de 1964, havia 13 partidos políticos em funcionamento legal no Brasil, todos com o registro eleitoral definitivamente concedido. O Partido Comunista Brasileiro (PCB) atuava na clandestinidade desde 1947. Essas 14 legendas serão o objeto do restante desta seção.

Originalmente, na eleição de 1945, foram preenchidas 286 cadeiras na Câmara e 42 no Senado. Em 19.1.1947, foi realizada uma eleição suplementar para a escolha de mais 19 deputados e 24 senadores. A partir de 1950, a renovação do Senado Federal passou a ocorrer alternadamente por 1/3 e 2/3. Na Câmara dos Deputados, a renovação é integral. Os mandatos dos senadores e deputados federais duram, respectivamente, oito e quatro anos. No pleito de 3.10.1950, o eleitorado escolheu 304 deputados federais e 22 senadores. Exatos quatro anos depois, 326 deputados e 42 senadores. Em 3.10.1958, novamente 326 deputados, mas somente 21 senadores. Finalmente, na legislatura eleita em 7.10.1962, o Congresso Nacional recebeu 409 deputados federais e 45 senadores.

Os 14 partidos mais importantes elegeram nada menos do que 1.662 (99,5%) das cadeiras disponíveis na Câmara dos Deputados e 194 (99,0%) dos assentos no Senado Federal (ver adiante as tabelas 1 e 2).

O Partido Social Democrático (PSD) foi o maior do Brasil ao longo de toda a Terceira República, elegendo as maiores bancadas no Congresso Nacional em todos os pleitos que disputou. A origem do partido esteve ligada à máquina administrativa do Estado Novo, especialmente aos interventores então nomeados por Vargas nos estados. O PSD foi o único partido que conseguiu se organizar em todas as unidades da federação para a disputa das eleições de 1945, o que já demonstrava a sua nítida vocação governista. Seu principal conflito interno travava-se entre o reformismo da Ala Moça e o fisiologismo das "raposas". Foi por essa legenda que o general Eurico Dutra elegeu-se presidente em 1945, com 55,3% dos votos válidos. Em 1950, a legenda lançou à sucessão presidencial o deputado federal mineiro Cristiano Machado, que obteve a preferência de apenas 21,5% dos eleitores, não passando da terceira posição. Na verdade, durante a campanha, os setores mais importantes do PSD passaram a apoiar a candidatura presidencial de Getúlio

Vargas, praticamente abandonando a candidatura oficial do partido. O termo "cristianização" passou a designar, na política brasileira, precisamente a situação em que a máquina partidária não concede apoio efetivo ao seu candidato registrado formalmente. Em 1955, o partido voltaria à presidência com a candidatura do governador mineiro Juscelino Kubitschek, eleito com 35,7% da votação. O último candidato presidencial lançado pelo PSD foi o marechal Henrique Lott, em 1960, que, com 32,9% dos votos, ficou em segundo lugar no pleito. Outros políticos importantes que integraram os quadros do PSD foram, por exemplo, Amaral Peixoto (governador do Rio de Janeiro), Barbosa Lima Sobrinho (governador de Pernambuco), Benedito Valadares (senador por Minas Gerais), Nereu Ramos (deputado federal por Santa Catarina e presidente da Câmara dos Deputados entre 1951 e 1954), Ranieri Mazzili (deputado federal por São Paulo e presidente da Câmara dos Deputados entre 1958 e 1964), Renato Archer (deputado federal pelo Maranhão), Tancredo Neves (deputado federal por Minas Gerais e primeiro-ministro entre 1961 e 1962, durante a curta vigência do parlamentarismo) e Ulysses Guimarães (deputado federal por São Paulo e presidente da Câmara dos Deputados entre 1956 e 1958).

A União Democrática Nacional (UDN) foi a segunda maior agremiação daquele sistema partidário. Apenas após a eleição de 1962 a sigla deixou de ter a segunda maior bancada no Congresso Nacional. A gênese da UDN remonta ao famoso Manifesto dos Mineiros (de outubro de 1943), que reivindicava a democratização das instituições políticas nacionais. A UDN foi o único dos três maiores partidos brasileiros da Terceira República que não possuía vínculos com as estruturas remanescentes do Estado Novo, adotando uma plataforma liberal. Seus grupos parlamentares mais célebres foram os bacharéis da chamada Banda de Música, os reformistas reunidos na Bossa Nova e o grupo governista conhecido como Chapa Branca. O brigadeiro Eduardo Gomes foi o candidato à presidência lançado pela UDN em 1945 e em 1950. Nas duas ocasiões obteve a segunda maior votação, com respectivamente 34,8% e 29,7% dos votos válidos. Em 1955, a UDN lançou a candidatura presidencial do general Juarez Távora. Outro segundo lugar, desta vez com 30,2% dos votos. Em 1960 a UDN apoiou a candidatura vitoriosa de Jânio Quadros, que no entanto não estava filiado ao partido naquela ocasião. Pertenceram à UDN personalidades políticas como Afonso Arinos de Melo Franco (deputado federal pela Guanabara), Carlos Lacerda (governador da Guanabara), Juraci Magalhães (governador e senador pela Bahia), Magalhães Pinto (governador de Minas Gerais) e Milton Campos (governador e senador por Minas Gerais).

O Partido Trabalhista Brasileiro (PTB) constituiu-se no terceiro maior da Terceira República, e foi a legenda com o maior crescimento eleitoral ao longo desse período. Em 1962, suplantou a UDN e passou a ser o segundo maior partido dentro do Congresso Nacional. O PTB, assim como o PSD, foi originalmente organizado pela máquina estadonovista, principalmente a partir da estrutura sindical corporativa montada por Vargas nos anos 30. O partido era formado por uma corrente nacionalista e reformista e por um grupo tradicional clientelista. O PTB foi um constante aliado do PSD na disputa das eleições presidenciais, e apoiou as candidaturas pessedistas em 1945, 1955 e 1960. Em 1950, Getúlio Vargas elegeu-se presidente pelo PTB com 48,7% dos votos. O maior herdeiro de Vargas, após seu suicídio em agosto de 1954, foi o também gaúcho João Goulart. O PTB elegeu Jango vice-presidente por dois pleitos consecutivos: em 1955 (com 44,3% dos votos) e em 1960 (com 41,3% dos votos). A Constituição de 1946 previa eleições diretas para o cargo de vice-presidente, simultâneas porém independentes dos pleitos presidenciais. Houve três eleições vice-presidenciais durante a Terceira República (1950, 1955 e 1960). Goulart assumiria a chefia do poder executivo em agosto de 1961 devido à renúncia de Jânio Quadros. Alberto Pasqualini (senador pelo Rio Grande do Sul), Almino Afonso (deputado federal pelo Amazonas), Doutel de Andrade (deputado federal por Santa Catarina), Ivete Vargas (deputada federal por São Paulo), Leonel Brizola (governador do Rio Grande do Sul), Roberto da Silveira (governador do Rio de Janeiro) e San Tiago Dantas (deputado federal por Minas Gerais) são outros nomes de políticos importantes que pertenceram ao PTB.

Estes podem ser considerados os três partidos mais importantes do ciclo político que vai de 1945 a 1964. De fato, eles ocuparam nada menos do que 79,8% de todas as cadeiras na Câmara dos Deputados e 86,2% dos assentos no Senado Federal, ao longo das cinco legislaturas em que atuaram.

A quarta maior legenda da Terceira República foi o Partido Social Progressista (PSP), criado em 1946 através de três micro-agremiações. Ao contrário das três grandes siglas nacionais, o PSP foi um partido com uma base eleitoral muito concentrada regionalmente. No estado de São Paulo, o PSP era o partido politicamente dominante. Sua mais conhecida liderança foi Ademar de Barros, governador paulista por dois mandatos. Ele também concorreu por duas vezes à presidência, em 1955 e em 1960. Nas duas ocasiões, foi o terceiro candidato mais votado (com 25,8% e 18,8% dos votos, respectivamente). Foi por este partido que o potiguar João Café Filho elegeu-se vice-presidente em 1950 (com 35,1% dos votos). Em 1955, o deputado federal Danton Coelho, do Distrito Federal, também disputou a vice-presidência pelo PSP, chegando em terceiro lugar (com 13,9% dos votos). No Congresso Nacional, o deputado federal carioca Chagas Freitas era o político pessepista mais conhecido.

O Partido Republicano (PR) foi, até as eleições de 1962, o quinto maior partido brasileiro da Terceira República. Suas bases eleitorais concentravam-se em Minas Gerais e na Bahia. Jamais lançou candidatos presidenciais, mas integrou quase todos os gabinetes ministeriais formados no período. O fundador do PR foi o ex-presidente Artur Bernardes. Seu herdeiro, Artur Bernardes Filho, senador por Minas Gerais e ministro no governo Jânio Quadros, substituiu o pai na liderança do partido.

O Partido Democrata Cristão (PDC) credenciou-se como a sexta maior agremiação partidária na Câmara dos Deputados, experimentando um processo de crescimento ao longo dos anos. Na eleição de 1962, passou a ter a quinta maior bancada de parlamentares federais. Foi pelo PDC que Jânio Quadros venceu a eleição presidencial de 1960, com 48,3% dos votos. Originalmente um partido vinculado à Igreja Católica, o PDC concentrava a sua força eleitoral no Paraná (onde elegeu o governador Nei Braga em 1960), em Pernambuco e em São Paulo. O futuro governador paulista Franco Montoro iniciou a sua carreira política no PDC.

A posição de sétima maior sigla partidária da Terceira República cabe ao Partido Trabalhista Nacional (PTN). Após renunciar à presidência, Jânio Quadros filiou-se ao PTN, partido pelo qual disputou o governo paulista em 1962, sendo derrotado por Ademar de Barros. Beneficiado pelo apelo eleitoral do janismo, o PTN conseguiu, no entanto, eleger a sexta maior bancada de deputados federais naquele ano, e tornou-se um partido muito forte no estado de São Paulo.

O Partido Libertador (PL) era também uma legenda regional, especialmente importante no Rio Grande do Sul, e que tinha por principal bandeira a adoção do sistema de governo parlamentarista. Seu líder mais importante veio a ser o parlamentar gaúcho Raul Pilla. O PL, oitava maior bancada ao longo do período, nunca concorreu às eleições presidenciais. O ex-governador Otávio Mangabeira elegeu-se senador pelo PL da Bahia em 1958.

O Partido Social Trabalhista (PST), originalmente fundado como Partido Proletário do Brasil, adotou o seu nome definitivo em 1947. Elegeu a nona maior bancada entre todos os partidos. Em 1950, lançou a candidatura do senador maranhense Vitorino Freire à vice-presidência, o qual, com 7,6% dos votos, terminaria em quarto lugar. Foi pelo PST que Miguel Arraes elegeu-se governador de Pernambuco pela primeira vez, em 1962.

A décima posição pertence ao Partido Socialista Brasileiro (PSB), agremiação originalmente formada por um grupo de parlamentares eleitos em 1945 pela UDN, conhecido como Esquerda Democrática. Em 1946, a ED teve o seu registro eleitoral próprio aceito pelo Tribunal Superior Eleitoral. No ano seguinte, o partido adotaria sua nova e definitiva sigla. Em 1950, o deputado federal baiano João Mangabeira concorreu às eleições presidenciais pela legenda, obtendo apenas 0,1% dos votos. O ex-deputado federal alagoano Aurélio Viana elegeu-se senador pelo PSB da Guanabara em 1962.

O Partido de Representação Popular (PRP) era o herdeiro da Ação Integralista Brasileira, movimento de orientação fascista surgido nos anos 30. Seu principal dirigente, o paulista Plínio Salgado, disputou a eleição presidencial de 1955 e ficou em quarto lugar, com 8,3% dos votos.

O Partido Rural Trabalhista (PRT) passou por sucessivas mudanças de nome até chegar à sua denominação final, a partir de 1950: fundado em 1945 como Partido Republicano Democrático, passou a se chamar Partido Republicano Trabalhista em 1948. A maior liderança do partido veio a ser o deputado federal paulista Hugo Borghi.

Nascido como uma dissidência interna do PTB, o Movimento Trabalhista Renovador (MTR) foi organizado como uma sigla autônoma em 1959. Seu principal líder, o deputado federal gaúcho Fernando Ferrari, candidatara-se a vice-presidente em 1960, quando recebeu 19,4% dos votos. A única cadeira no Senado conquistada pelo MTR pertenceu ao ex-deputado federal petebista Aarão Steinbruch, no Rio de Janeiro.

O Partido Comunista Brasileiro (PCB), a mais antiga organização partidária do país (fundada em 1922), foi legalizado pela primeira vez em 1945. Naquele ano, elegeu 14 deputados federais (tornando-se o quarto maior partido na Câmara dos Deputados). O líder comunista Luiz Carlos Prestes foi eleito para o Senado Federal. O partido chegou também a disputar a primeira eleição presidencial da Terceira República: o gaúcho Yedo Fiúza ficou em terceiro lugar, com 9,7% dos votos. Em maio de 1947, o PCB teve o seu registro eleitoral cancelado pelo Tribunal Superior Eleitoral, por razões ideológicas. Todos os parlamentares pecebistas tiveram os seus mandatos cassados. O partido continuou, porém, atuando politicamente na clandestinidade até retornar à legalidade em 1985.

As tabelas seguintes indicam o desempenho eleitoral dos partidos da Terceira República ao longo do tempo. A primeira delas mostra os resultados eleitorais para a Câmara e a segunda para o Senado.

A análise dos dados dessas tabelas aponta para uma nítida tendência de declínio eleitoral do PSD. Esse partido obtivera maioria absoluta na Câmara e no Senado na legislatura eleita em 1945. Na última elei-

Tabela 1
Representação Partidária na Câmara dos Deputados (1945-1962)

Partidos	1945		1947		1950		1954		1958		1962		Total	
	nº	%	nº	%	nº	%	nº	%	nº	%	nº	%	nº	%
PSD	151	52,8	7	36,8	112	36,8	114	35,0	115	35,3	118	28,9	617	36,9
UDN	83	29,0	4	21,1	81	26,6	74	22,7	70	21,5	91	22,2	403	24,1
PTB	22	7,7	2	10,5	51	16,8	56	17,2	66	20,2	116	28,4	313	18,7
PSP	4	1,4	1	5,3	24	7,9	32	9,8	25	7,7	21	5,1	107	6,4
PR	7	2,4	3	15,8	11	3,6	19	5,8	17	5,2	4	1,0	61	3,7
PDC	2	0,7	0	0,0	2	0,7	2	0,6	7	2,1	20	4,9	33	2,0
PTN	0	0,0	2	10,5	5	1,6	6	1,8	7	2,1	11	2,7	31	1,9
PL	1	0,3	0	0,0	5	1,6	8	2,5	3	0,9	5	1,2	22	1,3
PST	0	0,0	0	0,0	9	3,0	2	0,6	2	0,6	7	1,7	20	1,2
PSB	0	0,0	0	0,0	1	0,3	3	0,9	9	2,8	5	1,2	18	1,1
PRP	0	0,0	0	0,0	2	0,7	3	0,9	3	0,9	5	1,2	13	0,8
PRT	0	0,0	0	0,0	1	0,3	1	0,3	2	0,6	3	0,7	7	0,4
MTR	0	0,0	0	0,0	0	0,0	0	0,0	0	0,0	3	0,7	3	0,2
PCB	14	4,9	0	0,0	0	0,0	0	0,0	0	0,0	0	0,0	14	0,8
Outros	2	0,7	0	0,0	0	0,0	0	0,0	0	0,0	0	0,0	2	0,1
S/Partido	0	0,0	0	0,0	0	0,0	6	1,8	0	0,0	0	0,0	6	0,4
Total	286	100,0	19	100,0	304	100,0	326	100,0	326	100,0	409	100,0	1670	100,0

Fonte: Hippolito (1985), p.275-85.

Tabela 2
Representação Partidária no Senado Federal (1945-1962)

Partidos	1945		1947		1950		1954		1958		1962		Total	
	nº	%	nº	%	nº	%	nº	%	nº	%	nº	%	nº	%
PSD	26	61,9	13	54,2	6	27,3	16	38,1	6	28,6	16	35,6	83	42,3
UDN	12	28,6	6	25,0	4	18,2	9	21,4	8	38,1	8	17,8	47	24,0
PTB	2	4,8	1	4,2	5	22,7	12	28,6	6	28,6	12	26,7	38	19,4
PSP	1	2,4	1	4,2	3	13,6	1	2,4	0	0,0	1	2,2	7	3,6
PR	0	0,0	1	4,2	2	9,1	1	2,4	0	0,0	1	2,2	5	2,6
PL	0	0,0	0	0,0	0	0,0	2	4,8	1	4,8	1	2,2	4	2,0
PST	0	0,0	2	8,3	1	4,5	0	0,0	0	0,0	0	0,0	3	1,5
PTN	0	0,0	0	0,0	0	0,0	0	0,0	0	0,0	2	4,4	2	1,0
PSB	0	0,0	0	0,0	1	4,5	0	0,0	0	0,0	1	2,2	2	1,0
PDC	0	0,0	0	0,0	0	0,0	0	0,0	0	0,0	1	2,2	1	0,5
MTR	0	0,0	0	0,0	0	0,0	0	0,0	0	0,0	1	2,2	1	0,5
PCB	1	2,4	0	0,0	0	0,0	0	0,0	0	0,0	0	0,0	1	0,5
S/Partido	0	0,0	0	0,0	0	0,0	1	2,4	0	0,0	1	2,2	2	1,0
Total	42	100,0	24	100,0	22	100,0	42	100,0	21	100,0	45	100,0	196	100,0

Fonte: Hippolito (1985), p.259-74.

ção do período, porém, a sigla já caíra para cerca de metade do seu tamanho original. A UDN conheceu um declínio apenas marginal entre o começo e o fim do ciclo, apresentando uma notável estabilidade em sua representação parlamentar, particularmente na Câmara dos Deputados. A trajetória do PTB, por sua vez, é inversa à do PSD: o partido foi crescendo progressivamente em ambas as casas legislativas. Na legislatura eleita em 1962, as três grandes legendas já estão praticamente equiparadas dentro do Congresso.

A observação atenta dos números indica que não podemos atribuir a todos os 14 partidos selecionados a mesma relevância política. O sistema partidário que funcionou no Brasil ao longo de nossa primeira experiência com a democracia representativa seria melhor caracterizado como um sistema moderadamente fragmentado, com três grandes partidos (PSD, UDN e PTB), em torno dos quais havia uma dezena de partidos-satélite.

Esta avaliação, todavia, somente é verdadeira se a unidade de análise for o plano nacional. Não necessariamente o mesmo padrão se repetia em todas as unidades da federação individualmente, como demonstrou o cientista político Olavo Brasil de Lima Júnior. Um mesmo sistema multipartidário nacional não se manifesta de forma idêntica em todos os estados. Os grandes partidos podem não ser em igual número — ou podem não ser sequer os mesmos — em todos os subsistemas partidários estaduais. No estado de São Paulo, por exemplo, os três grandes partidos da Terceira República jamais conseguiram ter um desempenho eleitoral equivalente à sua magnitude no plano nacional.

Do ponto de vista ideológico, vale indicar o modo pelo qual as siglas do período se distribuíam no eixo esquerda-direita. A bibliografia especializada é unânime em afirmar que os três grandes partidos também hegemonizavam as três posições clássicas do espectro. Vou atribuir aos termos "esquerda", "centro" e "direita" um sentido meramente relacional, fazendo abstração de seus conteúdos políticos concretos, que podem variar ao longo do tempo.

O centro político era ocupado principalmente pelo Partido Social Democrático (PSD), considerado pela cientista política Lúcia Hippolito como a legenda que dava legitimidade ao próprio regime democrático. Mesmo sem uma marca ideológica nítida, o PSD situava-se claramente à direita do PTB e à esquerda da UDN. O Partido Democrata Cristão (PDC) e o Partido Libertador (PL) também podem ser classificados como legendas de centro.

A União Democrática Nacional (UDN) ocupava incontroversamente a direita do espectro político-ideológico. O seu oposicionismo sistemático (e depois o apoio que deu ao golpe de 1964) muitas vezes a aproximou do que a ciência política denomina de partidos anti-sistema: legendas que se opõem não ao governo mas ao próprio regime democrático. Na direita, também se pode relacionar o Partido Republicano (PR) e o Partido de Representação Popular (PRP).

A esquerda do sistema partidário da Terceira República era a posição hegemonizada pelo Partido Trabalhista Brasileiro (PTB). O trabalhismo estava à esquerda, em termos relativos, do udenismo e do pessedismo. Nesse bloco podemos ainda classificar o Partido Comunista Brasileiro (PCB) e o Partido Socialista Brasileiro (PSB). Por aproximação, o Partido Social Progressista (PSP) e as várias pequenas siglas trabalhistas (PTN, PST, PRT e MTR) costumam igualmente ser localizadas na esquerda.

O pluralismo político do sistema partidário manifestava-se, portanto, também na dimensão ideológica dos partidos, e não somente no aspecto numérico agregado. A oferta de opções partidárias já contemplava quase toda a diversidade da opinião pública brasileira no início dos anos 60, conforme demonstrou o cientista político Antônio Lavareda.

A duração dos mandatos dos governadores não era uniforme em todos os estados, motivo pelo qual não havia coincidência geral dos pleitos para os executivos estaduais (exceto em 1947 e 1950). Em metade dos estados o mandato era de quatro anos, coincidindo com as eleições congressuais. Na outra metade, era de cinco anos e coincidia com as eleições presidenciais.

Em todos eles, havia simultaneamente eleições diretas para vice-governador.

De acordo com o calendário eleitoral vigente, em 3.10.1965 deveria haver eleições presidenciais e para os governos de 11 estados da federação. Juscelino Kubitschek e Carlos Lacerda seriam os prováveis candidatos ao executivo federal pelo PSD e pela UDN, respectivamente. Entretanto, a eclosão do golpe de 1964 fez com que tal eleição presidencial jamais se realizasse.

Os partidos políticos da Terceira República continuaram todavia a funcionar nos primórdios do regime autoritário. O Ato Institucional nº1 (de 9.4.1964), que pretendia legitimar as Forças Armadas como o supremo poder político do país, aumentou drasticamente as prerrogativas do poder executivo e restringiu as do Congresso Nacional. Por outro lado, o AI-1 mantinha a vigência do texto constitucional de 1946 e do calendário eleitoral. Começava ali, no entanto, um longo ciclo de suspensão de direitos políticos individuais e de cassação de mandatos parlamentares, que duraria até 1979. No Congresso Nacional, dezenas de deputados federais e senadores vieram a perder as suas cadeiras legitimamente conquistadas.

O regime autoritário recém-instituído sistematizaria toda a legislação sobre eleições por meio de um novo Código Eleitoral (Lei nº4.737, de 15.7.1965), o qual, com inúmeras alterações, está em vigor até hoje. Ele não tratava, porém, de nenhuma questão ligada à organização e ao funcionamento dos partidos, como os códigos que o antecederam; essa tarefa ficaria reservada à primeira Lei Orgânica dos Partidos Políticos (LOPP, Lei nº4.740, da mesma data), que entrou em vigor simultaneamente ao Código Eleitoral. O texto estabeleceu que os partidos então existentes teriam que ser reorganizados, mas sem fixar um prazo para tanto. Para ter o seu registro eleitoral confirmado, cada legenda deveria receber o apoio prévio de listas de eleitores totalizando, pelo menos, 3% do eleitorado que tivesse votado na última eleição para a Câmara dos Deputados. Esses eleitores deveriam estar distribuídos em 11 ou mais estados, com um mínimo de 2% em cada um deles. Quanto ao desempenho eleitoral propriamente dito, a lei determinava que seriam cancelados os registros dos partidos que, mesmo cumprindo as cláusulas anteriores, não conseguissem eleger pelo menos 12 deputados federais, distribuídos em no mínimo sete estados da federação.

A Lei Orgânica de 1965 já sinalizava a intenção do novo regime de reduzir o grau de multipartidarismo na política brasileira. Se, hipoteticamente, apenas a segunda regra tivesse validade nas eleições parlamentares de 1962, somente cinco partidos (PSD, PTB, UDN, PSP e PDC) teriam sobrevivido. Pragmaticamente, porém, a Lei Orgânica determinou que aqueles dispositivos não deveriam vigorar no pleito previsto para dali a menos de três meses.

As eleições para os governos estaduais de 1965 acabaram sendo, mesmo assim, a última vez em que as siglas partidárias da Terceira República puderam se apresentar ao eleitorado brasileiro. Os seus resultados, na verdade, explicam em grande parte o desfecho que aguardava aquele sistema partidário: os candidatos a governador apoiados pelo governo militar, disputando quase sempre pela legenda da UDN, foram derrotados em quatro estados, inclusive nos dois mais importantes.

Em Minas Gerais, venceu o veterano deputado federal pessedista Israel Pinheiro, com o decisivo apoio de Juscelino Kubitschek. Na Guanabara, o PSD conduziu o ex-prefeito carioca Francisco Negrão de Lima ao governo estadual, em aliança com o PTB. Estes resultados, favoráveis à oposição ao regime militar, foram significativos não apenas pela importância estratégica dos dois estados, mas também porque ambos eram até então governados por civis que apoiaram o golpe de 1964: Magalhães Pinto e Carlos Lacerda, respectivamente.

A posse dos novos executivos estaduais acabou tendo, porém, um custo político demasiadamente elevado. Algumas semanas após as eleições, o governo decretou o Ato Institucional nº2 (de 27.10.1965), que ampliava ainda mais as prerrogativas da autoridade militar e tornava indiretas as eleições presidenciais. As eleições diretas para os governos estaduais e para algumas prefeituras municipais (capitais, cidades consideradas áreas de segurança nacional e estâncias hidrominerais) também viriam a ser abolidas por decretos posteriores. O AI-2, além disso, extinguiu compulsoriamente todos os 13 partidos políticos em funcionamento legal no Brasil. Encerrava-se ali o sistema partidário oriundo da Terceira República.

Os partidos políticos durante o regime autoritário

O ciclo político que vai do golpe de 1964 à posse de José Sarney na Presidência da República, em 1985, foi um período de sucessivas operações de engenharia política visando a legitimação e a permanência no poder do regime autoritário e de seus partidários. Em nenhum outro momento da história política brasileira assistiu-se a tantas alterações casuísticas nas regras eleitorais e partidárias.

O quadro partidário vigente durante a maior parte da Quarta República originou-se do Ato Complementar nº4 decretado menos de um mês após o AI-2 (em 20.11.1965). Ali se estabeleceu que caberia aos membros do Congresso Nacional (deputados federais e senadores) a iniciativa de criar novas organizações com atribuições de partidos para a disputa das eleições congressuais de 1966. O prazo para que os congressistas organizassem as novas agremiações seria de 45 dias. O Ato Complementar nº6, de 3.1.1966, prorrogaria a data até 15 de março do mesmo ano.

O AC-4 exigia que as organizações partidárias provisórias registrassem, cada uma, a filiação de no mínimo 120 deputados federais e 20 senadores. Vale lembrar que, naquela legislatura, a Câmara dos Deputados e o Senado Federal eram integrados por 409 e 66 membros, respectivamente. Do ponto de vista estritamente matemático, até três novos partidos poderiam ter sido organizados na arena parlamentar. Mas essa, claramente, não era a intenção do governo militar. Se, por um lado, o regime autoritário queria evitar a criação de um sistema de partido único, por outro também não queria reproduzir a alegada fragmentação partidária do período precedente. Restava então a alternativa do bipartidarismo, característico das democracias anglo-saxãs (Estados Unidos e Inglaterra, por exemplo).

No entanto, o sistema bipartidário em gestação tinha um grave defeito de origem: seu artificialismo, pois fora compulsoriamente instituído de cima para baixo. O bipartidarismo brasileiro não foi o resultado da gradativa sedimentação das preferências eleitorais da opinião pública ao longo do tempo, tal como aconteceu nos países em que foi falsamente inspirado.

Segundo a cientista política Maria D'Alva Kinzo, o propósito estratégico do regime era montar um sistema partidário organizado em termos de apoio ou oposição ao governo, reunindo em uma única legenda todos os congressistas cujas tendências políticas fossem favoráveis ao regime, e num modesto partido de oposição as forças políticas restantes. Esse projeto tinha, porém, custos elevados para toda a classe política. No caso dos parlamentares de oposição, havia grande incerteza quanto aos limites para a atuação política efetiva de um partido oposicionista em um regime autoritário, e o possível impacto desse fato sobre o seu desempenho nas futuras eleições. Mesmo para os congressistas que apoiavam o governo militar havia dúvidas sobre como o agrupamento de tantos e diferentes grupos políticos em uma única legenda situacionista afetaria as disputas políticas regionais, nas quais esses mesmos grupos eram freqüentemente rivais. O governo militar testaria, nas eleições seguintes, a viabilidade da nova estrutura partidária e, acima de tudo, a sua capacidade de proporcionar o respaldo eleitoral e parlamentar necessário. Se o resultado lhe fosse favorável — como de fato aconteceu — o sistema bipartidário obteria credenciais plenas pelo tempo que conviesse ao regime mantê-lo.

Como a determinação do AC-4 era no sentido de que se constituíssem organizações provisórias com atribuições de partidos, e não partidos políticos propriamente ditos, nenhuma das novas legendas criadas pela reforma partidária de 65-66 continha a palavra "partido" em sua denominação. Os grupos parlamentares de situação reuniram-se na Aliança Renovadora Nacional (ARENA), enquanto que a oposição ao regime (aquela que sobrevivera às cassações) fundou o Movimento Democrático Brasileiro (MDB).

As tabelas a seguir mostram o resultado do processo de filiação dos membros do Congresso Nacional à ARENA e ao MDB, tanto na Câmara dos Deputados como no Senado Federal. A distribuição dos congressistas pelas antigas legendas por ocasião de sua extinção não é exatamente igual à resultante da eleição de 1962 (ver tabelas 1 e 2) devido a dois fatores: 1) a posse de suplentes pertencentes a partidos distintos daqueles dos titulares; e 2) os parlamentares que trocaram de partido durante o mandato. A cadeira de Juscelino Kubitschek no Senado Federal (após deixar a presidência, JK elegera-se senador por Goiás) estava vaga desde a sua cassação em 1964, assim permanecendo até a eleição de 1966. Desse modo, havia apenas 65 (e não 66) senadores em exercício de mandato naquele momento.

Como se vê, a ARENA conseguiu com facilidade satisfazer as exigências de filiação estabelecidas pelo

Tabela 3
Composição da Câmara dos Deputados após a Reforma Partidária de 1965/1966

Partidos de Origem	ARENA		MDB		S/Partido		Total
	nº	%	nº	%	nº	%	
PSD	78	64,5	43	35,5	0	0,0	121
PTB	38	32,8	78	67,2	0	0,0	116
UDN	86	89,6	9	9,4	1	1,0	96
PSP	18	85,7	2	9,5	1	4,8	21
PDC	13	68,4	6	31,6	0	0,0	19
PTN	8	66,7	4	33,3	0	0,0	12
PRP	5	100,0	0	0,0	0	0,0	5
PL	3	75,0	0	0,0	1	25,0	4
PR	4	100,0	0	0,0	0	0,0	4
PRT	2	50,0	2	50,0	0	0,0	4
MTR	0	0,0	3	100,0	0	0,0	3
PST	2	100,0	0	0,0	0	0,0	2
PSB	0	0,0	2	100,0	0	0,0	2
Total	257	62,8	149	36,4	3	0,7	409

Fonte: Kinzo (1988), p.32.

Tabela 4
Composição do Senado Federal após a Reforma Partidária de 1965/1966

Partidos de Origem	ARENA		MDB		Total
	nº	%	nº	%	
PSD	17	81,0	4	19,0	21
PTB	6	35,3	11	64,7	17
UDN	15	93,8	1	6,3	16
PSP	2	100,0	0	0,0	2
PTN	1	50,0	1	50,0	2
PL	2	100,0	0	0,0	2
PDC	1	100,0	0	0,0	1
PR	1	100,0	0	0,0	1
MTR	0	0,0	1	100,0	1
PSB	0	0,0	1	100,0	1
S/ Partido	0	0,0	1	100,0	1
Total	45	69,2	20	30,8	65

Fonte: Anais do Senado.

AC-4. Associaram-se ao partido governista a maioria das bancadas de quase todas as antigas legendas, em ambas as casas legislativas. O MDB conseguiu ter maioria no recrutamento de parlamentares de apenas três partidos: PTB, PSB e MTR. A organização do partido oposicionista foi bastante prejudicada pelas cassações, pois é razoável supor que os parlamentares atingidos teriam se dirigido majoritariamente ao MDB. Note-se que a oposição quase não conseguiu atingir o número necessário de filiações no Senado, chegando exatamente ao patamar mínimo (20 senadores) imposto pelo AC-4.

Esses dados preliminares já tornam evidente o desequilíbrio de origem na representação parlamentar dos dois novos partidos, em favor da ARENA. A legenda da situação contava com confortáveis maiorias, de aproximadamente 3/5 na Câmara dos Deputados e 2/3 no Senado Federal.

O TSE oficializou o registro eleitoral da ARENA e do MDB em março de 1966, habilitando-os para a disputa das eleições marcadas para novembro daquele ano. Com a eliminação das eleições diretas para cargos executivos (presidente e governadores), o calendário eleitoral previa apenas a realização dos pleitos legislativos (senadores e deputados), integralmente preservados em todo o regime autoritário.

Durante a vigência do sistema bipartidário, as eleições para o Congresso Nacional realizaram-se sempre no dia 15 de novembro (o feriado da Proclamação da República). Em 1966 foram eleitos 409 deputados federais e 22 senadores. Em 1970, 310 deputados e 46 senadores. Quatro anos mais tarde a Câmara dos Deputados passou a contar com 364 integrantes, enquanto se elegeram 22 novos membros do Senado Federal. Por fim, na legislatura eleita em 1978, o eleitorado escolheu novos 420 deputados federais e 23 senadores.

Na eleição de 1978, a última disputada por ARENA e MDB, deveriam ser renovados 2/3 das cadeiras no Senado Federal, conforme o princípio constitucional da renovação alternada. O regime autoritário, entretanto, criou para esse pleito a figura casuística do "senador biônico", que nada mais era do que a eleição indireta de um senador em cada estado da federação, juntamente com um segundo eleito diretamente pela população. Os 22 senadores biônicos eleitos indiretamente em 1978 cumpriram os seus mandatos até o fim, em janeiro de 1987, já no novo período democrático.

A história das disposições legais que afetaram diretamente o quadro partidário nessa fase da Quarta República merece uma breve recapitulação.

A Constituição de 24.1.1967, de autoria do poder executivo e aprovada de modo relâmpago pelo Congresso Nacional, estipulou uma cláusula ainda mais rigorosa que a estabelecida pela LOPP para a existência de partidos políticos. O texto constitucional passou a condicionar o funcionamento dos partidos à obtenção, nas eleições para a Câmara dos Deputados, de votação correspondente a 10% dos eleitores que tivessem comparecido às urnas. A exigência relativa ao caráter nacional das legendas, por sua vez, determinava que esses votos estivessem distribuídos em 2/3 dos estados, com pelo menos 7% em cada um deles. Essa foi a cláusula de desempenho mais rigorosa de toda a história da legislação eleitoral no Brasil, mas, naquele contexto bipartidário, é provável que ela nem tivesse afetado o MDB, servindo mais como um obstáculo à organização de terceiros partidos. De qualquer maneira, essa cláusula não chegaria a ser aplicada em nenhuma eleição.

Com menos de três anos de vida, a Constituição de 1967 foi radicalmente modificada pela Emenda Constitucional nº1 (de 17.10.1969), por muitos considerada como uma nova constituição. A reforma constitucional foi feita através de decreto presidencial, pois o Congresso Nacional encontrava-se em recesso compulsório desde a decretação do AI-5 (em 13.12.1968), que inaugurou o período mais repressivo do regime autoritário. Foi através dessa emenda constitucional que se introduziu na legislação eleitoral brasileira a fidelidade partidária. O artigo 152 previa a perda do mandato do parlamentar (em qualquer nível) que, "por atitudes ou pelo voto, se opuser às diretrizes legitimamente estabelecidas pelos órgãos de direção partidária ou deixar o partido sob cuja legenda foi eleito". Curiosamente, essa penalidade não era extensiva aos ocupantes de postos eletivos no poder executivo (prefeitos, governadores e presidentes). Nunca houvera fidelidade partidária exigida por lei durante a Terceira República.

A Emenda Constitucional nº1, por outro lado, suavizou a cláusula de desempenho exigida dos partidos políticos: a votação mínima requerida para o funcionamento de partidos no legislativo passou a ser de 5% do eleitorado que houvesse votado na mais recente eleição para a Câmara, distribuído em pelo menos sete estados, com não menos de 7% dos votos em cada um deles.

Essas mesmas exigências foram pouco tempo depois reafirmadas por uma nova Lei Orgânica dos Partidos Políticos, promulgada apenas seis anos após a primeira. Esta segunda versão da LOPP, a Lei nº5.682 (de 21.7.1971), que vigoraria até 1995, continha a seguinte determinação: "Só poderá pleitear sua organização o partido político que conte, inicialmente, com 5% do eleitorado que haja votado na última eleição geral para a Câmara dos Deputados, distribuídos em sete ou mais estados, com o mínimo de 7% em cada um deles." Em outro artigo, a nova LOPP também introduziu na legislação ordinária a exigência da fidelidade partidária aos detentores de mandato legislativo, nos mesmos termos já estabelecidos constitucionalmente dois anos antes.

A cláusula de desempenho prevista tanto na Emenda Constitucional nº1 como na Lei Orgânica dos Partidos Políticos vigoraria nas três eleições parlamentares ocorridas nos anos 70 (1970, 1974 e 1978), inviabilizando, na prática, a constituição de terceiros partidos no Brasil.

A Emenda Constitucional nº11, de 13.10.1978, cuja vigência se daria somente a partir de 1.1.1979 (não tendo sido aplicada, portanto, às eleições de 15.11.1978), representou a última reforma na legislação partidária antes da extinção da ARENA e do MDB. A nova redação do texto constitucional passava a condicionar o funcionamento dos partidos políticos nacionais não a uma, mas a duas cláusulas de desempenho. A primeira delas exigia a filiação de pelo menos 10% dos deputados federais e dos senadores para a fundação de um partido. Esses eram patamares bem menos exigentes do que aqueles previstos no AC-4. A segunda cláusula requeria o apoio, expresso em votos, de pelo menos 5% do eleitorado que tivesse votado na mais recente eleição para a Câmara dos Deputados. Estes eleitores deveriam estar distribuídos por no mínimo nove estados, com não menos do que 3% em cada um deles.

O caráter casuístico de toda a legislação partidária promulgada durante o regime autoritário fica muito evidente na comparação das diversas cláusulas de desempenho sucessivamente em vigor entre a primeira Lei Orgânica dos Partidos Políticos e a Emenda Constitucional nº11. É virtualmente impossível identificar nelas algum propósito coerente de engenharia política, a não ser a manipulação visando a perpetuação artificial do bipartidarismo.

No que diz respeito à fidelidade partidária, a Emenda Constitucional nº11 também acrescentou uma sutil porém importante exceção para a aplicação da penalidade prevista para os parlamentares infiéis a seus partidos. A perda de mandato não se aplicaria aos membros do legislativo que eventualmente participassem da formação de novos partidos, desde que sujeitos às exigências mínimas de filiação anteriormente mencionadas (10% da Câmara dos Deputados e 10% do Senado Federal). Esse foi o primeiro sinal de que uma nova reforma partidária estava a caminho, algo que de fato aconteceria dali a pouco mais de um ano. O projeto da nova reforma foi conseqüência direta do crescimento eleitoral do partido de oposição.

Antes, porém, de reconstituir a história eleitoral de ARENA e MDB, é apropriado relacionar os nomes de alguns de seus principais integrantes. A minha escolha recaiu sobre membros do Congresso Nacional (senadores e deputados federais), e também sobre políticos indiretamente eleitos para os governos estaduais.

A Aliança Renovadora Nacional elegeu 62,2% dos deputados federais e 70,8% dos senadores durante a vigência do bipartidarismo. Foram filiados à ARENA, dentre outros, os seguintes políticos: Alacid Nunes, Amaral Neto, Antônio Carlos Magalhães, Antônio Konder Reis, Arnon de Mello, Aureliano Chaves, Carvalho Pinto, César Cals, Daniel Krieger, Flávio Marcílio, Francelino Pereira, Jarbas Passarinho, João Cleofas, José Sarney, Jutahy Magalhães, Luiz Vianna Filho, Magalhães Pinto, Marco Maciel, Murilo Badaró, Nelson Marchezan, Nilo Coelho, Pedro Pedrossian, Petrônio Portela, Prisco Viana, Teotônio Vilela e Virgílio Távora.

O Movimento Democrático Brasileiro foi a sigla pela qual elegeram-se 29,2% dos integrantes do Senado Federal e 37,8% dos membros da Câmara dos Deputados ao longo das quatro legislaturas correspondentes ao período bipartidário. Nos quadros políticos do MDB figuraram, por exemplo, os nomes de Alceu Collares, Álvaro Dias, Amaral Peixoto, Chagas Freitas, Epitácio Cafeteira, Fernando Lyra, Franco Montoro, Itamar Franco, Jáder Barbalho, Jarbas Vasconcelos, José Richa, Marcos Freire, Mário Covas, Miro Teixeira, Nelson Carneiro, Orestes Quércia, Paes de Andrade, Paulo Brossard, Pedro Simon, Pedroso Horta, Renato Archer, Saturnino Braga, Tancredo Neves e Ulysses Guimarães.

As tabelas 5 e 6 descrevem o desempenho eleitoral da ARENA e do MDB nas quatro eleições congressuais (respectivamente para a Câmara e o Senado) que disputaram entre 1966 e 1978.

A partir da verificação comparada dos resultados eleitorais das duas legendas, é possível dividir o período de vigência do bipartidarismo no Brasil em duas etapas. A primeira delas corresponde às eleições de 1966 e 1970. Nessas duas ocasiões, o partido do governo praticamente massacrou a oposição nas urnas. Na Câmara, em ambos os pleitos, a ARENA elegeu aproximadamente dois parlamentares para cada um eleito pelo MDB. No Senado, a relação foi ainda mais favorável à ARENA: oito e nove senadores, respectivamente, para cada senador emedebista.

No pleito de 1966, particularmente na Câmara dos Deputados, o resultado das urnas foi na verdade bastante semelhante à distribuição de cadeiras congressuais resultante da então recente reforma que instituíra o bipartidarismo (ver tabelas 3 e 4). O desequilíbrio na origem do bipartidarismo condicionou de modo decisivo o primeiro teste eleitoral das novas organizações partidárias.

A eleição de 1970 consolidou ainda mais a hegemonia da ARENA, conferindo-lhe amplas e folgadas maiorias nas duas casas legislativas. Nessa época surgiria a alcunha de "maior partido do Ocidente" para expressar, segundo os seus próprios integrantes, a

Tabela 5

Representação Partidária na Câmara dos Deputados (1966-1978)

Partidos	1966		1970		1974		1978		Total	
	nº	%	nº	%	nº	%	nº	%	nº	%
ARENA	277	67,7	223	71,9	204	56,0	231	55,0	935	62,2
MDB	132	32,3	87	28,1	160	44,0	189	45,0	568	37,8
Total	409	100,0	310	100,0	364	100,0	420	100,0	1503	100,0

Fonte: Kinzo (1988), p.74.

Tabela 6

Representação Partidária no Senado Federal (1966-1978)

Partidos	1966		1970		1974		1978		Total	
	nº	%	nº	%	nº	%	nº	%	nº	%
ARENA	18	81,8	41	89,1	6	27,3	15	65,2	80	70,8
MDB	4	18,2	5	10,9	16	72,7	8	34,8	33	29,2
Total	22	100,0	46	100,0	22	100,0	23	100,0	113	100,0

Fonte: Kinzo (1988), p.74.

magnitude eleitoral da sigla. De fato, o domínio da ARENA adquiriu proporções quase equiparáveis a uma situação de partido único. A direção do MDB chegou até a cogitar a autodissolução do partido, tamanha a extensão daquela derrota eleitoral. O desempenho da ARENA foi favorecido pelas baixas que a oposição sofrera em decorrência das cassações que se seguiram ao AI-5, e também pelo apogeu da censura e da repressão política.

O pleito de 1974 foi o grande divisor de águas do bipartidarismo brasileiro. Realizada já no contexto do lento e gradual processo de abertura política iniciado pelo quarto presidente militar, o general Ernesto Geisel, a eleição de 1974 acabou trazendo resultados surpreendentes até para a própria oposição. O MDB quase duplicou a sua bancada na Câmara dos Deputados, a qual passou a ter pela primeira vez uma distribuição de poder próxima a um autêntico sistema bipartidário. Nas eleições para o Senado Federal, o MDB elegeu praticamente o triplo do número de senadores eleitos pela ARENA. O processo eleitoral adquiriu o caráter plebiscitário que marcaria os anos restantes do bipartidarismo. Os votos da oposição ao regime passaram a se dirigir ao partido originalmente destinado a uma função meramente figurativa.

Esse padrão mais ou menos se repetiu nas eleições de 1978. A ARENA e o MDB de novo dividiram quase que paritariamente as cadeiras na Câmara dos Deputados. O partido da situação conseguiu, porém, reverter a tendência favorável à oposição no pleito para o Senado. Na verdade, desde a eleição anterior, o regime autoritário tomara algumas providências para deter o crescimento eleitoral da oposição, introduzindo diversos casuísmos legais que visavam beneficiar a ARENA. Dois dentre eles se tornaram mais célebres.

O primeiro casuísmo foi a famosa Lei Falcão (Lei nº6.339, de 1.7.76), uma referência ao então ministro da Justiça Armando Falcão, que a subscreveu. Essa legislação impunha severos limites às campanhas eleitorais no rádio e na televisão, e vigorou até o pleito de 1982. O segundo casuísmo veio através do Pacote de Abril (Emenda Constitucional nº8, de 14.4.1977), que instituiu a já mencionada figura do senador biônico para as eleições de 1978. Além disso, o Pacote de Abril aumentou a representação na Câmara dos Deputados dos estados das regiões Norte e Nordeste, onde a ARENA tinha, comparativamente às demais regiões, um melhor desempenho eleitoral.

No entanto, nem mesmo a Lei Falcão e o Pacote de Abril foram suficientes para tranqüilizar inteiramente o governo militar em relação à ameaça representada pelo MDB. Algo mais teria que ser feito, antes que o feitiço se voltasse de vez contra o feiticeiro, conforme a feliz metáfora do cientista político David Fleischer.

A Emenda Constitucional nº11, como visto anteriormente, já apontava para a iminência de uma nova reforma partidária. O bipartidarismo deixara de ser uma alternativa de organização política e institucional atraente para os estrategistas do regime autoritário. A concentração das forças de oposição numa única legenda estimulava o aludido caráter plebiscitário do processo eleitoral, aumentando o risco de derrotas inesperadas da ARENA. Dividir a oposição passara a ser uma opção cada vez mais conveniente, ainda que o preço a pagar fosse o restabelecimento do multipartidarismo.

A partir de 1979, dois novos fatos políticos se somaram aos motivos de ordem eleitoral para justificar a reforma do quadro partidário. O primeiro foi a decretação da anistia, com o conseqüente retorno ao país dos exilados políticos. A Emenda Constitucional nº11, por outro lado, revogara os atos institucionais e complementares decretados desde 1964 (até mesmo o AI-5). Foram restituídos, assim, os direitos políticos daqueles afetados pelas arbitrariedades do regime autoritário, inclusive os políticos e parlamentares cassados.

A conjunção dessas circunstâncias tornava impraticável a permanência de apenas duas legendas no cenário político. O sistema bipartidário surgido do AC-4 seria finalmente extinto pela Lei nº6.767 (de 20.12.1979), que reformou vários dispositivos da Lei Orgânica dos Partidos Políticos.

Em conformidade com a Emenda Constitucional nº11, as cláusulas de desempenho previstas pela LOPP reformada passaram a ser também duplas. Teriam direito a funcionamento os partidos que, por um lado, conseguissem, na eleição seguinte para a Câmara dos Deputados, 5% dos votos nacionais e 3% em nove estados diferentes e, por outro, tivessem entre os seus fundadores 10% dos deputados federais e 10% dos senadores. O princípio da fidelidade partidária não seria aplicável à fundação de novos partidos. Mas, para possibilitar a organização de partidos que tivessem dificuldades em cumprir os requisitos acima, a Lei nº6.767 também estipulou que, até o final daquela legislatura, em março de 1983, qualquer número de congressistas poderia se agrupar em blocos parlamentares e requerer o registro de partido político.

A reformulação do sistema partidário levou quase um semestre para ser completada. Entre janeiro e maio de 1980, seis novos partidos políticos foram organizados no Congresso e posteriormente registrados pelo TSE. Cinco deles estão em pleno funcionamento até os dias de hoje. O sexto teve uma vida curta e não chegou sequer a participar de eleições.

O PDS (Partido Democrático Social) foi o sucessor da extinta ARENA, recebendo a adesão da grande maioria dos antigos integrantes da legenda de apoio ao governo durante o período bipartidário. O PMDB (Partido do Movimento Democrático Brasileiro) sucedeu o extinto MDB pela simples justaposição da palavra *partido* à antiga sigla, uma vez que a nova legislação eleitoral exigia que todos os novos partidos assim fossem denominados. Essas duas siglas, herdeiras da ARENA e do MDB, constituiriam o núcleo do novo multipartidarismo brasileiro até 1985.

O Partido Popular (PP) foi uma organização que reunia dissidentes da ARENA e moderados do MDB, e que teve Tancredo Neves e Magalhães Pinto entre os seus fundadores mais destacados. O PP pretendia ser uma legenda eqüidistante da situação pedessista e da oposição peemedebista.

O Partido dos Trabalhadores (PT), surgido do novo sindicalismo paulista dos anos 70, foi a única legenda cujas lideranças mais expressivas não se encontravam na classe política tradicional. O PT, tal como o PCB décadas antes, foi um caso raro de agremiação partidária brasileira surgida de baixo para cima, isto é, fora das instituições parlamentares.

O antigo legado do trabalhismo varguista foi reivindicado por duas diferentes agremiações, que se envolveram numa disputa no TSE pelo uso da tradicional sigla do PTB. A legenda do novo Partido Trabalhista Brasileiro (PTB) coube afinal ao grupo moderado do velho partido, liderado por Ivete Vargas. O grupo reformista, capitaneado por Leonel Brizola, acabou fundando o Partido Democrático Trabalhista (PDT). O resultado da disputa entre as duas facções pela herança eleitoral do PTB foi, coincidentemente ou não, o da preferência do governo militar.

As tabelas abaixo trazem o resultado do processo de filiação dos membros do Congresso Nacional aos seis novos partidos, separadamente na Câmara e no Senado.

A estratégia situacionista de dividir para governar foi, pelo menos aparentemente, bem-sucedida. A extinta ARENA, agora PDS, manteve maiorias absolutas de cadeiras nas duas casas legislativas. A oposição, antes reunida em uma única legenda, fragmentara-se em cinco novos partidos. O maior deles, o PMDB, sucessor do finado MDB, já não dispunha de uma bancada parlamentar numericamente tão expressiva quanto a que o seu antecessor herdara das eleições de 1978.

O perfil inicial dos primeiros partidos surgidos após o restabelecimento do sistema multipartidário no país era, como se vê, bastante diferenciado. Do ponto de vista quantitativo, o bipartidarismo fora claramente rompido. O novo quadro partidário estava composto por um grande partido hegemônico (o PDS), dois partidos de magnitude intermediária (PMDB e PP), e três pequenos partidos residuais (PDT, PTB e PT) que sequer obtiveram representação no Senado Federal.

Em uma perspectiva qualitativa, havia duas legendas compostas de forma amplamente preponderante por ex-arenistas (PDS e PTB), um partido (o PP) composto por parlamentares egressos quase que paritaria-

Tabela 7
Composição da Câmara dos Deputados após a
Reforma Partidária de 1979/1980

Partidos	PDS		PMDB		PP		PDT		PT		PTB		S/ Partido		Total
de Origem	nº	%	nº	%	nº	%	nº	%	nº	%	nº	%	nº	%	
ARENA	193	83,5	6	2,6	28	12,1	0	0,0	0	0,0	3	1,3	1	0,4	231
MDB	22	11,6	109	57,7	41	21,7	10	5,3	5	2,6	1	0,5	1	0,5	189
Total	215	51,2	115	27,4	69	16,4	10	2,4	5	1,2	4	1,0	2	0,5	420

Fonte: Kinzo (1988), p.209.

Tabela 8
Composição do Senado Federal após a
Reforma Partidária de 1979/1980

Partidos	PDS		PMDB		PP		S/ Partido		Total
de Origem	nº	%	nº	%	nº	%	nº	%	
ARENA	35	85,4	2	4,9	4	9,8	0	0,0	41
MDB	1	3,8	20	76,9	4	15,4	1	3,8	26
Total	36	53,7	22	32,8	8	11,9	1	1,5	67

Fonte: Anais do Senado.

mente das duas siglas do período bipartidário e, finalmente, três partidos (PMDB, PDT e PT) integrados majoritária ou exclusivamente por ex-emedebistas.

A reforma partidária tinha sido, na verdade, uma estratégia de longo prazo do regime militar para controlar a forma pela qual deveria transcorrer o processo de abertura política.

No curto e médio prazo, o novo sistema partidário fora originalmente projetado para a disputa das eleições gerais de 15.11.1982, nas quais, pela primeira vez desde 1965, deveriam ser novamente eleitos por voto direto os governadores de todos os estados da federação, conforme estabelecido pela Emenda Constitucional nº15, de 19.11.1980. Também estavam marcadas para o mesmo ano eleições para o Congresso e para as Assembléias Legislativas dos estados. Além disso, haveria ainda eleições municipais: para vereador, em todos os municípios brasileiros, e para prefeitos, naquelas localidades que não estivessem impedidas de fazê-lo (como era o caso das capitais, das zonas de segurança nacional e das estâncias hidrominerais). A expectativa do governo militar era que a volta do multipartidarismo atenuasse o voto plebiscitário manifestado pela população nas eleições anteriores. Se o eleitorado de oposição se fragmentasse pelos novos partidos assim como fizera a própria classe política, o partido da situação seria novamente o maior beneficiado.

No longo prazo, o desempenho eleitoral do PDS nas eleições de 1982 seria, por sua vez, decisivo para a sucessão presidencial prevista para janeiro de 1985. Como havia acontecido com os três últimos presidentes militares, o novo ocupante do Palácio do Planalto seria eleito indiretamente por um Colégio Eleitoral composto pelos membros da Câmara e do Senado e também por representantes das Assembléias Legislativas estaduais. Portanto, o número de senadores e deputados (federais e estaduais) eleitos em 1982 iria determinar as possibilidades de cada partido nas próximas eleições presidenciais indiretas. De acordo com a estratégia governamental, o Colégio Eleitoral e as eleições indiretas haviam sido instituídos exatamente para que o governo militar conseguisse sempre controlar os destinos da sucessão presidencial.

O cenário para o pleito de 1982 foi, entretanto, significativamente alterado pela Lei nº6.978, de 19.1.1982, aprovada por decurso de prazo. O Pacote de Novembro, tal como se tornou conhecido, determinava, por um lado, a obrigatoriedade do chamado voto vinculado: o eleitor só poderia votar, sob pena de nulidade, em candidatos do mesmo partido para todos os cargos em disputa (de vereador a governador). O objetivo da instituição do voto vinculado era desnacionalizar a eleição, transportando os votos dos níveis municipal e estadual para o nível federal. Como o PDS (assim como a ARENA, antes dele) controlava o processo político na grande maioria dos estados e municípios brasileiros, a legenda governista poderia favorecer ainda mais o seu desempenho na disputa das eleições para o Congresso.

Outra cláusula importante do Pacote de Novembro estipulava que, dentro de cada estado, um partido somente estaria apto a concorrer às eleições se lançasse candidatos para todos os cargos eletivos sendo disputados (de vereador a governador). Caso contrário, a legenda não poderia participar do processo eleitoral naquela unidade da federação. Essa medida obviamente favorecia o PDS e o PMDB, que herdaram as estruturas organizacionais do bipartidarismo e que, portanto, possuíam um número muito maior de filiados e simpatizantes do que os quatro outros partidos. O rigor dessa exigência pode ser demonstrado por alguns dados relativos à capacidade de organização dos pequenos partidos para a disputa das eleições de 1982: dentre as 25 unidades que então compunham a federação, o PT conseguiu concorrer às eleições em 23 delas, o PDT somente em 13 e o PTB apenas em dez. Somente os dois maiores partidos conseguiram se organizar — e concorrer às eleições — em todos os estados.

As restrições impostas pelo Pacote de Novembro tiveram, como seria de se esperar, uma importante conseqüência sobre o quadro partidário. Em fevereiro de 1982, a convenção nacional do Partido Popular

(PP) decidiu pela extinção da legenda e pela sua fusão com o PMDB. Essa decisão decorreu da constatação de que o desempenho eleitoral da sigla seria bastante prejudicado pelo voto vinculado e pela exigência de lançar candidatos para todos os cargos. Como estratégia de sobrevivência, o partido preferiu retornar ao seu lugar de origem. De fato, a imensa maioria dos parlamentares do PP acabou se filiando ao PMDB para poder disputar as eleições de 1982. O Partido Popular foi assim a única sigla surgida após a segunda reforma partidária ocorrida na Quarta República que jamais chegou a se submeter ao veredito eleitoral. Todas as demais não só o fizeram como estão até hoje em atividade.

A incorporação do PP pelo PMDB acabou restabelecendo na prática um sistema virtualmente bipartidário, apesar de nominalmente multipartidário. O PDS e o PMDB passaram a ser, ainda mais do que já eram, os equivalentes funcionais da ARENA e do MDB. Os três pequenos partidos restantes (PDT, PTB e PT) eram comparativamente muito pouco expressivos em termos de sua magnitude parlamentar. Na verdade, ainda estava em vigor a cláusula de desempenho prevista na Lei Orgânica dos Partidos Políticos: somente poderiam funcionar legalmente as legendas que conseguissem obter 5% dos votos válidos nas eleições para a Câmara dos Deputados, com pelo menos 3% em nove diferentes unidades da federação. Essa exigência ameaçava então a própria continuidade formal do multipartidarismo. O dualismo partidário anterior provavelmente teria se reimplantado no país caso essas regras tivessem efetivamente vigorado nas eleições de 1982.

O impasse foi resolvido através da Emenda Constitucional nº22 (de 29.6.1982), que simplesmente determinou que a cláusula de desempenho em vigor no próprio texto constitucional e na LOPP não fosse aplicada às eleições daquele ano. Esse talvez tenha sido o único casuísmo político do regime autoritário que teve conseqüências democráticas, pois preservou o pluralismo partidário em gestação.

A tabela 9 mostra o resultado das eleições de 1982 para os governos estaduais e para o Congresso Nacional (desagregados por Senado e Câmara).

Tabela 9
Resultado das Eleições de 1982

Partidos	Governos Estaduais		Senado Federal		Câmara dos Deputados	
	nº	%	nº	%	nº	%
PDS	12	54,5	15	60,0	235	49,1
PMDB	9	40,9	9	36,0	200	41,8
PDT	1	4,5	1	4,0	23	4,8
PTB	0	0,0	0	0,0	13	2,7
PT	0	0,0	0	0,0	8	1,7
Total	22	100,0	25	100,0	479	100,0

Fonte: Nicolau (1998), p.85, 95 e 152.

O resultado das urnas confirmou a tendência a uma espécie de bipartidarismo informal que se seguira à extinção do PP. Os dois grandes partidos, sucessores da ARENA e do MDB, mostraram-se amplamente hegemônicos. As pequenas legendas, apesar de conseguirem superar a sua magnitude pré-eleitoral, sequer teriam sobrevivido se a cláusula de desempenho tivesse sido aplicada.

O PDS elegeu mais da metade dos governadores (inclusive todos os do Nordeste) e obteve 3/5 das cadeiras disputadas no Senado. Na Câmara, porém, e pela primeira vez na história do regime autoritário, o partido do governo, por uma pequena margem, não obteve a maioria absoluta das cadeiras.

O PMDB teve um desempenho apenas um pouco inferior ao do MDB na eleição anterior: elegeu quase 2/5 dos senadores e pouco mais de 2/5 dos deputados federais. Por outro lado, venceu a eleição para governador em nada menos que nove estados, inclusive em São Paulo, com o senador Franco Montoro, e Minas Gerais, com o ex-pepista Tancredo Neves.

O PDT foi o único, dentre os pequenos partidos, que conseguiu eleger um governador estadual (Leonel Brizola, no Rio de Janeiro) e obter representação no Senado Federal. Na Câmara dos Deputados, quase 5% das cadeiras passaram a ser ocupadas por parlamentares pedetistas.

O PTB de Ivete Vargas e do ex-presidente Jânio Quadros não elegeu governadores ou senadores, mas conquistou quase 3% das cadeiras na Câmara. Ao longo dos anos subseqüentes, o PTB iria se aproximar do PDS, inclusive ocupando cargos governamentais de menor importância. O apoio da bancada petebista dava, de fato, maioria absoluta ao governo no legislativo.

O PT de Luiz Inácio Lula da Silva (líder operário do ABC paulista que naquele ano concorreu ao governo de São Paulo), apesar de ter conseguido se organizar em quase todos os estados (ao contrário do PDT e do PTB), teve o pior desempenho entre as pequenas legendas, elegendo menos de 2% dos deputados federais.

O cenário da sucessão presidencial de 1985, mesmo com todos os casuísmos implementados pelo governo militar, ainda era muito incerto após a contagem dos votos das eleições de 1982. A aparente vitória do PDS não era capaz de esconder que a oposição reunida fizera maioria na Câmara dos Deputados e elegera os governadores dos três maiores estados brasileiros (SP, MG e RJ).

Por muito pouco, aliás, os partidos de oposição não conseguiram aprovar na Câmara dos Deputados, em abril de 1984, um projeto de emenda constitucional, de autoria do deputado federal peemedebista Dante de Oliveira, que restabelecia imediatamente as eleições presidenciais diretas e que recebera o apoio entusiasmado de imensas manifestações populares, no que se tornaria conhecido como a campanha das "Diretas Já".

A sucessão presidencial foi, desse modo, decidida mesmo pelo impopular Colégio Eleitoral, através de eleições indiretas. O Colégio Eleitoral compunha-se, para o processo sucessório de 1985, de 686 membros: os 479 deputados federais e 69 senadores no exercício do mandato e mais 138 delegados representando os partidos majoritários em cada Assembléia Legislativa estadual (seis delegados por estado).

No PDS, o deputado federal paulista Paulo Maluf conseguiu ser escolhido o candidato do partido, à revelia dos militares e da maioria dos governadores da sigla. A facção do PDS contrária à candidatura de Maluf constituiu então uma dissidência batizada como Frente Liberal, que iniciou conversações com o PMDB para apoiar um candidato de oposição. Essa dissidência era liderada pelo senador pernambucano Marco Maciel, pelo vice-presidente Aureliano Chaves e pelo senador maranhense José Sarney.

O candidato presidencial pelo PMDB viria a ser o governador mineiro Tancredo Neves, que, ao lado do deputado federal Ulysses Guimarães, tornara-se, durante a campanha das diretas, uma das duas figuras mais populares do partido. O PMDB não tinha, porém, votos suficientes no Colégio Eleitoral para garantir a vitória da chapa de oposição — motivo que levou o partido a negociar uma coalizão com a Frente Liberal.

O acordo político entre PMDB e Frente Liberal para reunir os votos necessários à eleição de Tancredo Neves pelo Colégio Eleitoral tornou-se conhecido como Aliança Democrática. A composição entre os dois grupos reservava a candidatura vice-presidencial a um integrante da Frente Liberal. Como a legislação eleitoral em vigor determinava que os candidatos a presidente e a vice pertencessem ao mesmo partido, o senador José Sarney filiou-se ao PMDB para ocupar a vaga de vice na chapa.

A Aliança Democrática foi ainda favorecida por jurisprudência do TSE interpretando que a cláusula da fidelidade partidária não se aplicava às votações no Colégio Eleitoral. Essa decisão permitiu que os integrantes da Frente Liberal, mesmo que formalmente ainda filiados ao PDS, votassem na chapa de oposição. Em 15.1.1985, Tancredo Neves derrotou Paulo Maluf por 480 votos contra 180 (houve ainda 17 abstenções e nove ausências). A transição democrática brasileira acabou, assim, se completando sem nenhuma ruptura das regras do jogo político criadas pelo regime autoritário para se perpetuar no poder. O processo de transição e abertura política iniciado no pleito de 1974 atingiu ali seu ponto culminante.

A doença e decorrente falecimento do presidente eleito acabaram representando, porém, um desenlace inesperado para o retorno do país aos governos civis e à democracia. A posse de José Sarney na presidência da República, em substituição ao titular do cargo, deu-se em 15.3.1985, e marcou o fim de quase 21 anos de autoritarismo e o início de um novo ciclo político na história brasileira.

Os partidos políticos na Quinta República

Uma das primeiras medidas do governo da Aliança Democrática foi aprovar no Congresso a Emenda Constitucional nº25 (de 15.5.1985), que restabeleceu as eleições presidenciais diretas e retirou da Constituição o dispositivo referente à fidelidade partidária. O assim denominado "entulho autoritário" começava a ser removido. Ficou também autorizada a livre criação de novos partidos políticos e a reorganização de todas as siglas que tivessem tido os seus registros indeferidos, cancelados ou cassados durante a vigência do regime autoritário. Desde então, o TSE já concedeu registro eleitoral a mais de 70 diferentes partidos, dos quais a grande maioria obteve apenas o registro provisório, desfrutando de uma existência muito efêmera e encerrando suas atividades sem obter o registro eleitoral definitivo. Segundo o cientista político Jairo Marconi Nicolau, a legislação partidária brasileira pode ser caracterizada como excessivamente detalhista na definição dos requisitos para o registro eleitoral definitivo dos partidos, mas muito liberal na estipulação dos critérios para o seu acesso ao Congresso Nacional e aos recursos políticos. De fato, em todas as eleições da Quinta República foi facultado a partidos em formação ou com registro provisório a participação no processo eleitoral, na distribuição de recursos do fundo partidário e no acesso à propaganda eleitoral gratuita no rádio e na televisão.

A Emenda Constitucional nº25 também continha uma cláusula de desempenho bem mais branda que a que estava em vigor até então, para a representação dos partidos políticos nas duas casas do Congresso. A votação mínima exigida passou a ser de 3% do eleitorado nacional para a Câmara, com esse total distribuindo-se por no mínimo cinco estados, com pelo menos 2% dos eleitores em cada um deles. Parlamentares eleitos por partidos que não conseguissem cumprir a cláusula de desempenho, no entanto, teriam os seus mandatos preservados, desde que se filiassem a alguma das legendas remanescentes. Essa cláusula de desempenho não chegou a ser aplicada nas eleições de 1986 por causa do caráter especial que seria a elas atribuído.

De fato, poucos meses depois, a Emenda Constitucional nº26 (de 27.11.1985) determinou que o Congresso Nacional (tanto a Câmara dos Deputados como o Senado Federal) a ser eleito em 1986 se revestiria também de atribuições constituintes, ficando portanto encarregado de elaborar a nova e democrática Constituição brasileira. Ainda antes do final do primeiro ano da Quinta República, foi aprovada a Lei nº7.454 (de 30.12.1985), que alterou vários dispositivos do Código Eleitoral em vigor desde 1965, permitindo, por exemplo, que todos os partidos com registro provisório ou em formação pudessem participar das eleições para a Assembléia Nacional Constituinte (ANC).

A Constituição seria finalmente promulgada em 5.10.1988, após 20 meses de funcionamento da ANC. No capítulo que trata dos partidos políticos, o artigo 17 estabelece textualmente que "é livre a criação, fusão, incorporação e extinção de partidos políticos, resguardados a soberania nacional, o regime democrático, o pluripartidarismo, os direitos fundamentais da pessoa humana e observados os seguintes preceitos: I — caráter nacional; II — proibição de recebimento de recursos financeiros de entidade ou governo estrangeiros ou de subordinação a estes; III — prestação de contas à Justiça Eleitoral; IV — funcionamento parlamentar de acordo com a lei". O parágrafo 1º acrescenta ainda que "é assegurada aos partidos políticos autonomia para definir sua estrutura interna, organização e funcionamento, devendo seus estatutos estabelecer normas de fidelidade e disciplina partidárias".

O novo texto constitucional introduziu, desse modo, importantes modificações, freqüentemente menosprezadas até pelos especialistas, no estatuto legal dos partidos políticos brasileiros. De acordo com toda a tradição jurídica da Terceira e da Quarta Repúblicas, os partidos políticos eram considerados pessoas jurídicas de direito público interno, sendo portanto sujeitos a regulação por lei federal. A Carta de 1988 alterou significativamente essa tradição ao conceder plena autonomia para que cada agremiação partidária determinasse as suas próprias regras internas de organização e funcionamento.

Esses princípios gerais do texto constitucional vieram a ser regulamentados através da Lei nº9.096 (de 19.9.1995), a nova Lei dos Partidos Políticos. À luz dos dispositivos da Carta de 1988, a ausência do termo "Orgânica" na designação legal (como nas duas versões anteriores) não é obviamente casual.

Os partidos brasileiros tiveram confirmados o seu novo estatuto de pessoas jurídicas de direito privado (e não mais de direito público). O artigo 23 da LPP determina expressamente que "a responsabilidade por violação dos deveres partidários deve ser apurada e punida pelo competente órgão, na conformidade do que disponha o estatuto de cada partido". O artigo 24 acrescenta ainda que "na Casa Legislativa, o integrante de bancada de partido deve subordinar sua ação parlamentar aos princípios doutrinários e programáticos e às diretrizes estabelecidas pelos órgãos de direção partidários, na forma do estatuto".

O dispositivo constitucional referente à exigência de caráter nacional dos partidos políticos foi regulamentado de modo bastante detalhado e exigente: o TSE somente está autorizado a conceder registro a novas organizações partidárias que sejam apoiadas por assinaturas de no mínimo 0,5% do eleitorado votante (exclusive votos nulos e em branco) na mais recente eleição para a Câmara dos Deputados. Esses eleitores devem estar distribuídos por pelo menos 1/3 dos estados, e em nenhum deles podem ser em número inferior a 0,1%. Por outro lado, a LPP também estipulou que os partidos que, na data de sua promulgação, já tivessem o registro eleitoral definitivo estariam dispensados dessa exigência. De qualquer maneira, com as novas regras, é muito improvável que novos partidos possam proliferar com a mesma velocidade que permitiu a organização de mais de 70 partidos em menos de 15 anos. Atualmente, tendo como parâmetro as eleições de 1998, são necessárias as assinaturas de aproximadamente 286 mil eleitores para a concessão de novos registros partidários.

A regulamentação do funcionamento parlamentar dos partidos políticos trouxe de volta à legislação partidária brasileira a muito controversa cláusula de desempenho. O artigo 13 da LPP estabelece, para que um partido tenha representação parlamentar, a necessidade de obter no mínimo 5% dos votos apurados, não computados os brancos e os nulos, distribuídos em, pelo menos, 1/3 dos estados, com um mínimo de 2% do total de cada um deles. Essa cláusula, todavia, somente deverá vigorar a partir das eleições de 2006, após um longo período de transição de 11 anos. Até lá, a lei garante o acesso à Câmara dos Deputados a partidos com registro definitivo que não satisfaçam a cláusula de desempenho, desde que 1) tenham eleito (ou venham a eleger) qualquer número de deputados federais em duas eleições consecutivas ou 2) tenham eleito (ou venham a eleger), numa única eleição, deputados federais em no mínimo cinco estados e também obtido (ou venham a obter) pelo menos 1% da votação nacional (exclusive votos em branco e nulos). Na prática, essas regras de transição têm permitido que todos os partidos mantenham integralmente a sua atividade parlamentar.

O item mais recente da legislação eleitoral e partidária brasileira é a Lei nº9.504, de 30.9.1997. Apesar de não conter nenhum dispositivo sobre a organização e o funcionamento dos partidos políticos, a lei trata de um importante tema correlato. Em todas as eleições transcorridas durante a Quinta República — desde o pleito municipal de 1985 até o pleito municipal de 1996 —, o Congresso Nacional aprovou uma legislação específica regulamentando a eleição vindoura. A Lei nº9.504 supostamente colocou um fim nessa prática, pois contém normas gerais para todo o calendário eleitoral brasileiro: ela já foi aplicada nas eleições gerais de 1998 e também o será nas eleições municipais do ano 2000. Aqui estão incluídas, por exemplo, as normas que tratam da propaganda eleitoral, do voto eletrônico, das pesquisas pré-eleitorais e do financiamento das campanhas.

Ao contrário do que acontecia na Terceira República, o calendário eleitoral brasileiro está, desde 1994, estruturado de forma a haver permanente concidência do pleito presidencial com os pleitos estaduais (governador, senador, deputado federal e deputado estadual). Os mandatos presidenciais, dos governadores e dos deputados federais são todos de quatro anos, renovados simultaneamente. O mandato dos senadores continua sendo de oito anos, mas a sua renovação é sempre simultânea à dos demais cargos (alternadamente por 1/3 e 2/3). Somente a eleição presidencial de 1989 — a primeira em quase 30 anos — foi "solteira", isto é, isolada de qualquer outra. Essas eleições se realizam, coincidentemente, nos anos de Copa do Mundo. As eleições municipais (prefeitos e vereadores), que completam o calendário eleitoral, irão ocorrer nos anos em que também são promovidas as Olimpíadas. Não há mais eleições para vice-presidente e vice-governador, como havia na Terceira República; os candidatos a tais cargos são registrados pelos partidos conjuntamente com os respectivos titulares, e a eleição destes implica na do seu companheiro de chapa.

Em 15.11.1986 foram disputadas 487 cadeiras na Câmara dos Deputados, 49 assentos no Senado Federal e os governos de 23 estados. Os deputados federais e senadores então eleitos participaram também dos trabalhos da Assembléia Nacional Constituinte. Em 3.10.1990 o eleitorado elegeu mais 503 deputados federais, outros 31 senadores e ainda os governadores dos agora 26 estados. Quatro anos mais tarde foram eleitos 513 membros da Câmara dos Deputados, 54 integrantes do Senado Federal e 27 chefes de executivos estaduais. Finalmente, no pleito de 4.10.1998, o Brasil escolheu os atuais 513 deputados federais e 27 governadores, além de mais 27 senadores. Os resultados pormenorizados dessas quatro eleições constam das tabelas 10, 11 e 12, que serão apresentadas mais adiante.

Vinte e cinco diferentes partidos políticos conseguiram eleger pelo menos um deputado federal, um senador ou um governador ao longo da Quinta República. Forneço a seguir um breve resumo da história e do desempenho eleitoral dessas 25 legendas até o início do ano 2000. Elas estão ordenadas de acordo com a magnitude total de sua representação parlamentar em quatro legislaturas. Nesse universo, há partidos que mudaram de nome, partidos que se fundiram entre si e partidos que foram incorporados por outros.

Considerei as legendas que apenas trocaram suas denominações como a mesma agremiação. Os partidos resultantes de fusões foram considerados como legendas distintas daquelas que lhes deram origem. Por fim, partidos que tenham incorporado siglas menores foram considerados como a mesma legenda após o referido processo, ainda que possam ter alterado seus nomes.

O Partido do Movimento Democrático Brasileiro (PMDB), sucessor do antigo MDB, surgido na Quarta República, já completou 20 anos de existência. Trata-se da maior agremiação partidária brasileira em funcionamento. Através de José Sarney, a legenda governou o país entre 1985 e 1990. O peemedebista Ulysses Guimarães disputou as eleições presidenciais de 1989, mas não passou da sétima posição, com 4,7% dos votos nacionais. Em 1994, o PMDB lançou a candidatura presidencial do ex-governador de São Paulo Orestes Quércia, que alcançou a quarta colocação no pleito com um desempenho muito similar ao de seu predecessor (4,4% dos votos). Em 1998, o PMDB não lançou nem apoiou formalmente nenhum candidato à Presidência.

O Partido da Frente Liberal (PFL) é a segunda maior sigla do país. Foi constituído oficialmente como tal em 1985, a partir da Frente Liberal (egressa do PDS) que apoiara a chapa Tancredo Neves e José Sarney no Colégio Eleitoral. Em coalizão com o PMDB, o partido esteve no poder durante o governo de José Sarney, na chamada Aliança Democrática. O antigo vice-presidente Aureliano Chaves foi o candidato pefelista à presidência em 1989, obtendo somente 0,9% dos votos (a nona colocação no pleito). Em 1994 e 1998 o PFL apoiou a candidatura presidencial do tucano Fernando Henrique Cardoso. O atual vice-presidente Marco Maciel é um dos fundadores do partido. A filiação do senador baiano Antônio Carlos Magalhães ao PFL ocorreu em 1986.

O Partido da Social Democracia Brasileira (PSDB) surgiu em 1988, durante os trabalhos da Assembléia Nacional Constituinte, como uma dissidência do PMDB contrária à liderança de Orestes Quércia na seção paulista do partido. Os tucanos defendiam a redução do mandato presidencial de Sarney e a adoção do sistema de governo parlamentarista. O futuro governador de São Paulo Mário Covas foi o primeiro candidato presidencial da legenda, em 1989. Ele obteve 11,5% dos votos naquela ocasião, atingindo a quarta colocação nas eleições. Em 1994 e 1998 o PSDB elegeu e reelegeu o ex-senador e ex-ministro Fernando Henrique Cardoso à Presidência da República, com respectivamente 54,3% e 53,1% dos votos válidos.

O quarto maior agrupamento partidário nacional em atividade é o Partido Progressista Brasileiro (PPB). A legenda é, na verdade, a denominação contemporânea do PDS, surgido em 1980 como sucessor da antiga ARENA. O Partido Democrático Social (PDS), após incorporar o PDC em 1993, alterou seu nome para Partido Progressista Reformador (PPR), legenda que participou somente do pleito de 1994. O PPR, por sua vez, incorporaria o PP (Partido Progressista; não confundir com o Partido Popular do início dos anos 80) em 1995, dando origem à atual sigla. Pelo PDS Paulo Maluf disputaria novamente as eleições presidenciais em 1989, agora por via direta, obtendo 8,9% das preferências eleitorais (a quinta posição). Em 1994, o PPR lançou a candidatura do governador catarinense Esperidião Amin à presidência, que não passou da sexta colocação (com 2,7% dos votos). Em 1998, o PPB integrou a vitoriosa coligação presidencial que apoiou Fernando Henrique Cardoso.

O Partido dos Trabalhadores (PT), também fundado em 1980, constitui-se hoje na quinta maior agremiação partidária brasileira. Sua maior liderança ainda é o ex-deputado federal constituinte Luiz Inácio Lula da Silva, que por três vezes disputou sem sucesso as eleições presidenciais. Em 1989, Lula obteve 17,2% dos votos em primeiro turno, credenciando-se assim para a disputa do segundo, no qual foi o preferido de 47,0% dos votantes. Em 1994 e 1998, Lula atingiu as marcas de 27,0% e 31,7% dos votos válidos, respectivamente. O PT, apesar de diversas passagens por administrações municipais e estaduais, nunca integrou os governos ao nível nacional, e constitui-se no maior partido de oposição.

A segunda maior legenda oposicionista é o Partido Democrático Trabalhista (PDT), outra das siglas surgidas com a reforma partidária do final da década de 70. Ex-governador do Rio de Janeiro por dois mandatos, Leonel Brizola continua sendo a principal liderança do partido. Em 1989, Brizola foi o terceiro candidato mais votado na eleição presidencial, com 16,5% dos sufrágios. Cinco anos depois, cairia para a quinta posição, com apenas 3,2% dos votos nacionais. Na eleição de 1998, o PDT apoiou a candidatura presidencial petista, e Brizola foi o candidato a vice-presidente. O governador do Rio de Janeiro Anthony Garotinho também tem tido ultimamente um papel muito influente no partido.

A sétima maior legenda do atual sistema partidário é o Partido Trabalhista Brasileiro (PTB), que, como visto, também foi fundado em 1980, disputando o legado trabalhista do partido homônimo da Terceira República. O senador constituinte paranaense Affonso Camargo disputou a Presidência pela legenda em 1989, mas obteve apenas 0,6% do total de votos válidos. Nas duas eleições presidenciais posteriores, o PTB integrou a coligação que por duas vezes elegeu Fernando Henrique Cardoso.

Esses são os sete maiores partidos brasileiros em atividade. Tomando como parâmetro somente o nível nacional, e o ciclo político da Quinta República como um todo, os grandes partidos (PMDB e PFL) e as siglas de porte médio (PSDB, PPB, PT, PDT e PTB) nitidamente se destacam de todos as demais. Na Câmara dos Deputados, eles ocuparam nada menos do que 86,5% das cadeiras disponíveis. Esse mesmo percentual chega a 90,7% no caso do Senado Federal. No âmbito dos executivos estaduais, os sete maiores partidos elegeram 92,7% dos governadores brasileiros entre 1986 e 1998.

A lista dos pequenos e micropartidos é muito mais extensa, e inclui de legendas em atividade contínua desde a promulgação da Emenda Constitucional nº25, em 1985, a siglas de existência muito efêmera.

O Partido Liberal (PL) foi organizado em 1985 pelo veterano deputado federal carioca Álvaro Valle, e participou de todas as eleições posteriores. O empresário paulista Guilherme Afif Domingos concorreu à presidência pelo partido em 1989, com 4,8% dos votos. O PL não lançou candidato presidencial em 1994, e em 1998 apoiou a candidatura do ex-governador e ex-ministro Ciro Gomes, do PPS.

O Partido Socialista Brasileiro (PSB) foi o único caso real de refundação no presente de uma agremiação partidária oriunda da Terceira República, tendo sido organizado em 1985 por remanescentes da antiga legenda. As principais lideranças do partido hoje são o ex-governador pernambucano Miguel Arraes e o senador fluminense Saturnino Braga. Nas três eleições presidenciais da Quinta República, a sigla apoiou a candidatura do petista Luiz Inácio Lula da Silva.

O Partido da Reconstrução Nacional (PRN) foi a legenda que serviu de plataforma à vitoriosa candidatura presidencial do ex-governador de Alagoas, Fernando Collor de Mello. Constituído originalmente em 1985 sob a denominação de Partido da Juventude (PJ), a sigla adotou a sua denominação definitiva em 1989, exatamente quando da filiação do futuro presidente. Na eleição presidencial em que concorreu, Fernando Collor obteve 30,5% dos votos em primeiro turno e, posteriormente, 53,0% das preferências eleitorais no segundo. Após a interrupção do seu mandato presidencial por impeachment em 1992, Collor foi substituído pelo vice-presidente Itamar Franco, que não tinha filiação partidária. O PRN, por sua vez, desapareceria quase tão depressa quanto surgiu: em 1994 ainda lançaria um obscuro candidato à presidência, que não passou de 0,6% dos votos, e teve o seu registro cancelado pelo TSE em 1999.

O Partido Progressista (PP) foi uma agremiação de caráter ainda mais efêmero, que disputou somente uma eleição no período em questão. O PP surgiu em 1993 através da fusão de dois pequenos partidos — o PST e o PTR — e veio a participar apenas do pleito de 1994. No ano seguinte incorporou-se ao PPR, no processo que deu origem ao atual PPB. Os então governadores Álvaro Dias, do Paraná, e Joaquim Roriz, do Distrito Federal, foram seus principais líderes.

O novo Partido Democrata Cristão (PDC), criado em 1985, nada tinha a ver com o seu homônimo da Terceira República. No escrutínio presidencial de 1989, a sigla lançou um candidato de pouca expressão que obteve somente 0,1% dos votos. Em 1993 o PDC foi finalmente absorvido pelo PDS, dando origem ao PPR.

O Partido Comunista do Brasil (PC do B) surgiu em 1962 como uma dissidência do então ainda clandestino PCB e foi legalizado juntamente com este, em 1985. O PC do B também participou das coligações de apoio ao petista Luiz Inácio Lula da Silva nas três eleições presidenciais da Quinta República.

O Partido Social Cristão (PSC), fundado em 1985, é uma sigla de pequena expressão mas que participou de todas as eleições subseqüentes. Nos dois últimos pleitos lançou obscuros candidatos presidenciais, que oscilaram entre 0,2% e 0,4% dos votos.

O Partido Popular Socialista (PPS) é o sucessor do histórico Partido Comunista Brasileiro (PCB), fundado em 1922. A mudança de nome ocorreu em 1991, para desvincular a legenda da fracassada experiência do bloco soviético. O parlamentar mais antigo do partido é o senador pernambucano Roberto Freire, que disputou as eleições presidenciais de 1989 e obteve 1,1% da votação. Em 1994 o PPS apoiou a candidatura presidencial de Lula. Nos últimos anos o partido recebeu um novo vigor político, em decorrência da filiação do ex-governador cearense Ciro Gomes, terceiro colocado na eleição presidencial de 1998, alcançando 11,0% dos votos.

Sem nenhum vínculo com a sigla homônima da Terceira República, o Partido Social Democrático (PSD) foi criado em 1987. Dois anos depois, lançaria a candidatura presidencial do líder ruralista Ronaldo Caiado (que não passou de 0,7% dos votos). Em 1994, o PSD apoiou a candidatura à presidência do peemedebista Orestes Quércia.

O Partido da Mobilização Nacional (PMN) surgiu em 1985 e tem participado ininterruptamente do processo eleitoral desde então. O ex-deputado federal mineiro Celso Brant foi o candidato presidencial da legenda em 1989, ocasião em que obteve 0,2% dos votos. Em 1998, o brigadeiro reformado Ivan Frota disputou a presidência pela sigla, com 0,4% dos votos.

Um caso peculiar de agremiação partidária efêmera foi o do Partido das Reformas Sociais (PRS), organizado pelo mineiro Hélio Garcia para concorrer às eleições para governador de 1990, que venceu. O PRS disputaria somente aquela eleição e, de forma inédita na Quinta República, num único estado da federação, sendo extinto pouco tempo depois.

O Partido Social Trabalhista (PST) — que não guarda nenhuma relação com a legenda homônima extinta em 1965 — foi fundado em 1989 para a disputa das eleições presidenciais, nas quais apoiou a candidatura de Fernando Collor (PRN). O PST fundiu-se ao PTR em 1993 para dar origem ao PP. Com a extinção deste último em 1995, a legenda de origem acabou sendo recriada em 1996.

O Partido Verde (PV) é uma pequena sigla ambientalista. O deputado Fernando Gabeira disputou a eleição presidencial de 1989, conseguindo 0,2% dos votos. Em 1994, os verdes participaram da frente de partidos que apoiou a candidatura de Luiz Inácio Lula da Silva. No pleito de 1998, com o vereador carioca Alfredo Sirkis, o PV novamente disputou a corrida presidencial, obtendo dessa vez 0,3% dos sufrágios.

O Partido Trabalhista Renovador (PTR) foi a segunda microlegenda que viria a dar origem ao PP. Sem nenhum vínculo com o MTR dos anos 70, a sigla foi originalmente organizada em 1985, e teve uma constante participação nas eleições subseqüentes até a sua fusão com o PST em 1995.

O Partido de Reedificação da Ordem Nacional (PRONA) foi constituído, assim como várias outras siglas, para a disputa das eleições de 1989. O médico Enéas Carneiro disputou pela legenda os três pleitos presidenciais, obtendo sucessivamente 0,5% (em 1989), 7,4% (em 1994) e 2,1% dos votos válidos (em 1998).

Finalmente, temos três pequenos partidos de cidadãos anônimos: o Partido Social Liberal (PSL), criado em 1996; o Partido Republicano Progressista (PRP), que integra a geração de siglas organizadas em 1985; e o Partido Municipalista Brasileiro (PMB), que teve uma existência muito efêmera, tendo participado apenas da eleição constituinte de 1986.

As tabelas abaixo agregam os dados sobre o desempenho eleitoral dos partidos acima mencionados entre 1986 e 1998. A tabela 10 diz respeito às eleições para a Câmara dos Deputados, a tabela 11 se refere aos pleitos para o Senado Federal e a tabela 12 exibe o resultado das eleições para governador.

Nas eleições de 1986, 13 partidos obtiveram representação no Congresso Nacional (que, naquela legislatura, funcionou também como Assembléia Constituinte). As bancadas dos seis maiores (o PSDB ainda não existia) correspondiam a 96,1% dos deputados federais e a 98,0% dos senadores. Somente dois partidos (PMDB e PFL) elegeram governadores. Foi uma eleição na qual a popularidade do presidente José Sarney e da Aliança Democrática estava no auge, devido ao Plano Cruzado. O PMDB de fato obteve maiorias absolutas nas duas casas legislativas e elegeu todos os governadores estaduais, menos um.

A eleição de 1990 representou o ponto culminante da fragmentação partidária no Brasil: nada menos do que 19 partidos se fizeram representar no Congresso.

Tabela 10
Representação Partidária na Câmara dos Deputados (1986-1998)

Partidos	1986		1990		1994		1998		Total	
	nº	%	nº	%	nº	%	nº	%	nº	%
PMDB	260	53,4	108	21,5	107	20,9	83	16,2	558	27,7
PFL	118	24,2	83	16,5	89	17,3	105	20,5	395	19,6
PSDB	0	0,0	38	7,6	62	12,1	99	19,3	199	9,9
PPB/PPR/PDS	33	6,8	42	8,3	52	10,1	60	11,7	187	9,3
PT	16	3,3	35	7,0	49	9,6	59	11,5	159	7,9
PDT	24	4,9	46	9,1	34	6,6	25	4,9	129	6,4
PTB	17	3,5	38	7,6	31	6,0	31	6,0	117	5,8
PL	6	1,2	16	3,2	13	2,5	12	2,3	47	2,3
PSB	1	0,2	11	2,2	15	2,9	18	3,5	45	2,2
PRN/PJ	0	0,0	40	8,0	1	0,2	0	0,0	41	2,0
PP	0	0,0	0	0,0	36	7,0	0	0,0	36	1,8
PDC	5	1,0	22	4,4	0	0,0	0	0,0	27	1,3
PC do B	3	0,6	5	1,0	10	1,9	7	1,4	25	1,2
PSC	1	0,2	6	1,2	3	0,6	2	0,4	12	0,6
PPS/PCB	3	0,6	3	0,6	2	0,4	3	0,6	11	0,5
PSD	0	0,0	1	0,2	3	0,6	3	0,6	7	0,3
PMN	0	0,0	1	0,2	4	0,8	2	0,4	7	0,3
PRS	0	0,0	4	0,8	0	0,0	0	0,0	4	0,2
PST	0	0,0	2	0,4	0	0,0	1	0,2	3	0,1
PV	0	0,0	0	0,0	1	0,2	1	0,2	2	0,1
PTR	0	0,0	2	0,4	0	0,0	0	0,0	2	0,1
PRONA	0	0,0	0	0,0	0	0,0	1	0,2	1	0,0
PSL	0	0,0	0	0,0	0	0,0	1	0,2	1	0,0
PRP	0	0,0	0	0,0	1	0,2	0	0,0	1	0,0
Total	487	100,0	503	100,0	513	100,0	513	100,0	2016	100,0

Fontes: Nicolau (1998), p.85 e Tribunal Superior Eleitoral.

Tabela 11
Representação Partidária no Senado Federal (1986-1998)

Partidos	1986		1990		1994		1998		Total	
	nº	%	nº	%	nº	%	nº	%	nº	%
PMDB	38	77,6	8	25,8	14	25,9	12	44,4	72	44,7
PFL	7	14,3	8	25,8	11	20,4	5	18,5	31	19,3
PSDB	0	0,0	1	3,2	9	16,7	4	14,8	14	8,7
PT	0	0,0	1	3,2	4	7,4	3	11,1	8	5,0
PPB/PPR/PDS	2	4,1	2	6,5	2	3,7	2	7,4	8	5,0
PTB	0	0,0	4	12,9	3	5,6	0	0,0	7	4,3
PDT	1	2,0	1	3,2	4	7,4	0	0,0	6	3,7
PP	0	0,0	0	0,0	4	7,4	0	0,0	4	2,5
PSB	0	0,0	0	0,0	1	1,9	1	3,7	2	1,2
PDC	0	0,0	2	6,5	0	0,0	0	0,0	2	1,2
PRN/PJ	0	0,0	2	6,5	0	0,0	0	0,0	2	1,2
PL	0	0,0	0	0,0	1	1,9	0	0,0	1	0,6
PPS/PCB	0	0,0	0	0,0	1	1,9	0	0,0	1	0,6
PMN	0	0,0	1	3,2	0	0,0	0	0,0	1	0,6
PST	0	0,0	1	3,2	0	0,0	0	0,0	1	0,6
PMB	1	2,0	0	0,0	0	0,0	0	0,0	1	0,6
Total	49	100,0	31	100,0	54	100,0	27	100,0	161	100,0

Fontes: Nicolau (1998), p.95 e Tribunal Superior Eleitoral.

Tabela 12
Filiação Partidária dos Governadores Eleitos (1986-1998)

Partidos	1986		1990		1994		1998		Total	
	nº	%	nº	%	nº	%	nº	%	nº	%
PMDB	22	95,7	8	30,8	9	33,3	5	18,5	44	42,7
PFL	1	4,3	7	26,9	2	7,4	7	25,9	17	16,5
PSDB	0	0,0	0	0,0	6	22,2	7	25,9	13	12,6
PPB/PPR/PDS	0	0,0	2	7,7	3	11,1	2	7,4	7	6,8
PDT	0	0,0	3	11,5	2	7,4	1	3,7	6	5,8
PT	0	0,0	0	0,0	2	7,4	3	11,1	5	4,9
PSB	0	0,0	0	0,0	2	7,4	2	7,4	4	3,9
PTB	0	0,0	2	7,7	1	3,7	0	0,0	3	2,9
PTR	0	0,0	2	7,7	0	0,0	0	0,0	2	1,9
PSC	0	0,0	1	3,8	0	0,0	0	0,0	1	1,0
PRS	0	0,0	1	3,8	0	0,0	0	0,0	1	1,0
Total	23	100,0	26	100,0	27	100,0	27	100,0	103	100,0

Fontes: Nicolau (1998), p.152 e Tribunal Superior Eleitoral.

As bancadas dos sete maiores equivaliam a apenas 77,6% da Câmara dos Deputados e a 80,6% do Senado Federal. Naquele início do governo de Fernando Collor, o pequeno PRN tornara-se um dos maiores partidos parlamentares. Dentre os governos eleitos, somente 84,6% pertenciam aos quadros das maiores legendas.

No processo eleitoral de 1994 teve início um lento processo, ainda em curso, de diminuição da fragmentação partidária. Naquela oportunidade, 18 diferentes legendas ainda obtiveram representação congressual. Por outro lado, a magnitude parlamentar das sete maiores passou a ser de 82,6% da Câmara e de 87,0% do Senado. No universo dos governos estaduais, essa cifra atingiu 92,6%. Essa tendência se confirmaria na eleição seguinte.

Na atual legislatura, eleita em 1998, novamente 18 partidos conseguiram eleger pelo menos um parlamentar. No entanto, acentuou-se a concentração de cadeiras pelas sete maiores legendas partidárias. Na Câmara elas já respondem por 90,1% do total de deputados federais (nível já muito próximo daquele que resultou das eleições de 1986). No Senado, os sete partidos mais importantes já possuem 96,3% dos assentos parlamentares (quase o mesmo que no início do ciclo). Nas últimas eleições, em somente dois estados elegeram-se governadores pertencentes a pequenos ou micropartidos.

A observação da variação do desempenho dos sete maiores partidos ao longo do tempo permite apontar algumas tendências, ao nível agregado, na Câmara dos Deputados (no Senado e nos governos estaduais há algumas discrepâncias em relação aos padrões a seguir). A primeira delas indica a progressiva diminuição da representação parlamentar do PMDB, muito clara desde as eleições de 1990. Na atual legislatura, pela primeira vez o partido não fez sequer a maior bancada de deputados federais, ficando apenas em terceiro lugar. Processo inverso tem sido experimentado pelo seu descendente direto, o PSDB: nas três últimas legislaturas, os tucanos têm lenta mas consistentemente ampliado o tamanho de suas bancadas legislativas.

Os dois partidos que descendem da ARENA têm apresentado uma notável estabilidade em seu desempenho eleitoral, com tendências de crescimento. O PPB, sob suas várias denominações, conseguiu a cada nova eleição aumentar de modo discreto porém constante a sua magnitude parlamentar. O PFL vem desde 1990 experimentando uma trajetória idêntica, e já saiu das urnas em 1998 como o maior partido brasileiro, exceto nas eleições para o Senado.

As duas agremiações com vínculos ao trabalhismo da Terceira República estão gradativamente perdendo expressão parlamentar. Após o excelente desempenho de ambos no pleito de 1990, o PTB e principalmente o PDT estão diminuindo de tamanho a cada nova eleição.

Finalmente, resta assinalar o constante crescimento eleitoral do PT, ininterrupto ao longo de todas as quatro legislaturas em questão. Desde 1990 o partido passou a contar com bancadas no Senado e, desde 1994, tem eleito também governadores de estado.

O atual quadro partidário também pode ser estudado do ponto de vista ideológico. Pesquisas conduzidas na Câmara dos Deputados pelos cientistas políticos Argelina Cheibub Figueiredo e Fernando Limongi demonstram que os partidos brasileiros podem ser dispostos num contínuo esquerda-direita com base em seu posicionamento relativo nas votações nominais ocorridas durante a vigência do atual regime constitucional.

No bloco de esquerda é possível classificar o PT e o PDT, além de pequenos e micropartidos como o PSB, o PC do B, o PPS e o PV. Como partidos de centro, há o PSDB e o PMDB. No bloco de direita predominam o PTB, o PFL e o PPB, e também as demais pequenas e microlegendas (PL, PRN, PP, PDC, PSC, PSD, PMN, PRS, PST, PTR, PRONA, PSL, PRP e PMB).

Se, com base nesses critérios, agregarmos as bancadas partidárias na Câmara dos Deputados em termos ideológicos, algumas outras tendências também podem ser observadas.

O centro foi o bloco que teve a maioria absoluta na legislatura eleita em 1986 (a ANC), com 53,4% dos deputados federais. Esse predomínio dissolveu-se nas eleições seguintes, mas os dois partidos de centro têm conseguido preservar a segunda posição na Câmara desde então. Mais do que isso, há até uma pequena mas constante tendência ao aumento da representação parlamentar centrista: 29,1% em 1990, 33,0% em 1994 e 35,5% em 1998.

Os partidos de direita (devido à inclusão de mais de uma dezena de pequenas e microagremiações) têm sido o maior bloco ideológico nas três últimas legislaturas. Em 1986, a direita ainda estava atrás do bloco de centro, com 37,0% do total de cadeiras. O ápice do bloco é atingido na legislatura eleita em 1990, com a maioria absoluta de 51,0%. Desde então a tendência é de queda constante, inclusive com perda da maioria absoluta: 45,4% das cadeiras em 1994 e 42,4% em 1998.

Os partidos de esquerda constituíram-se no menor dos três blocos ideológicos em todas as quatro legislaturas da Quinta República. Por outro lado, a esquerda é o único bloco com crescimento constante em todo o período. Os percentuais de cadeiras obtidos pelos partidos de esquerda na Câmara dos Deputados foram de 9,6% em 1986, 19,9% em 1990, 21,6% em 1994 e 22,1% em 1998.

O sistema partidário da Quinta República, em funcionamento contínuo desde 1985, teve as suas raízes plantadas fundamentalmente no regime autoritário e, secundariamente, na Terceira República. Dos sete grandes partidos atuais, os quatro maiores são descendentes diretos da ARENA (o PFL e o PPB) e do MDB (o PSDB e o PMDB). O quinto partido mais importante (o PT) é o único dos sete maiores cuja origem não pode ser atribuída a nenhuma agremiação anterior. Os outros dois partidos (PDT e PTB), cujas raízes remontam ao cada vez mais distante legado trabalhista, estão em aparente declínio.

O senso comum sobre os partidos políticos brasileiros considera, não sem algum fundamento, que nunca houve verdadeiras agremiações partidárias no Brasil. Todavia, as pesquisas acadêmicas têm cada vez mais demonstrado exatamente o contrário. Este livro procurou mostrar, sem entrar no mérito substantivo dessa controvérsia, que talvez o principal problema que aflige a organização de partidos no país seja a descontinuidade. Em pouco mais de 50 anos, três diferentes sistemas partidários estiveram em funcionamento. O regime autoritário foi o principal causador desta instabilidade, extinguindo, por duas vezes em menos de 15 anos, os sistemas de partidos então em atividade.

A consolidação dos atuais partidos políticos brasileiros só poderá acontecer caso lhes seja dada a oportunidade de continuar participando de eleições por muitos anos. O destino do sistema partidário não será diferente daquele que aguarda a própria democracia.

Cronologia

1945

28 mai Decreto Lei nº7.586 (Lei Agamenon)

2 dez Eleições presidenciais e congressuais (ANC)

1946

18 set Promulgação da Constituição da Terceira República

1947

19 jan Eleições governatoriais e congressuais

1950

24 jul Lei nº1.164 (Código Eleitoral)

3 out Eleições presidenciais, governatoriais e congressuais

1954

3 out Eleições governatoriais e congressuais

1955

3 out Eleições presidenciais e governatoriais

1958

3 out Eleições governatoriais e congressuais

1960

3 out Eleições presidenciais e governatoriais

1962

7 out Eleições governatoriais e congressuais

1964

31 mar Início da Quarta República
9 abr Ato Institucional nº1

1965

15 jul Lei nº4.737 (Código Eleitoral); Lei nº4.740 (Lei Orgânica dos Partidos Políticos)
3 out Eleições governatoriais
27 out Ato Institucional nº2
20 nov Ato Complementar nº4

1966

3 jan Ato Complementar nº6
15 nov Eleições congressuais

1967

24 jan Promulgação da Constituição da Quarta República

1968

13 dez Ato Institucional nº5

1969

17 out Emenda Constitucional nº1

1970

15 nov Eleições congressuais

1971

21 jul Lei nº5.682 (Lei Orgânica dos Partidos Políticos)

1974

15 nov Eleições congressuais

1976

1 jul Lei nº6.339 (Lei Falcão)

1977

14 abr Emenda Constitucional nº8 (Pacote de Abril)

1978

13 out Emenda Constitucional nº11
15 nov Eleições congressuais

1979

20 dez Lei nº6.767

1980

19 nov Emenda Constitucional nº15

1982

19 jan Lei nº6.978 (Pacote de Novembro)
29 jun Emenda Constitucional nº22
15 nov Eleições governatoriais e congressuais

1985

15 jan Eleições presidenciais indiretas
15 mar Início da Quinta República
15 mai Emenda Constitucional nº25
27 nov Emenda Constitucional nº26
30 dez Lei nº7.454

1986

15 nov Eleições governatoriais e congressuais (ANC)

1988

5 out Promulgação da Constituição da Quinta República

1989

15 nov Eleições presidenciais

17 dez Eleições presidenciais (2º turno)

1990

3 out Eleições governatoriais e congressuais

15 nov Eleições governatoriais (2º turno)

1994

3 out Eleições presidenciais, governatoriais e congressuais

15 nov Eleições governatoriais (2º turno)

1995

19 set Lei nº9.096 (Lei dos Partidos Políticos)

1997

30 set Lei nº9.504

1998

4 out Eleições presidenciais, governatoriais e congressuais

25 out Eleições governatoriais (2º turno)

Referências e fontes

Os dados sobre o desempenho eleitoral dos partidos brasileiros foram obtidos fundamentalmente a partir de consultas aos livros de Lucia Hippolito (*De raposas e reformistas: o PSD e a experiência democrática brasileira*. Rio de Janeiro, Paz e Terra, 1985), Maria D'Alva Kinzo (*Oposição e autoritarismo: gênese e trajetória do MDB, 1966-1979*. São Paulo, Vértice, 1988) e Jairo Marconi Nicolau (*Dados eleitorais do Brasil, 1982-1996*. Rio de Janeiro, Revan/Iuperj, 1998). Em caráter complementar, também recorri diretamente ao Tribunal Superior Eleitoral e a volumes dos Anais do Senado editados em 1965 e 1966. A legislação partidária e eleitoral foi pesquisada na obra organizada por Nelson Jobim e Walter Costa Porto (*Legislação eleitoral no Brasil: do século XVI a nossos dias*. Brasília, Senado Federal, 1996, 3 volumes).

O compêndio organizado por Israel Beloch e Alzira Alves de Abreu (*Dicionário histórico-biográfico brasileiro, 1930-1983*. Rio de Janeiro, Forense Universitária/FGV-CPDOC/Finep, 1984, 4 vols.) foi também uma valiosa fonte de pesquisa. Outro autor bastante consultado foi Olavo Brasil de Lima Júnior (*Partidos políticos brasileiros: a experiência federal e regional, 1945-1964*. Rio de Janeiro, Graal, 1983).

Sugestões de leitura

Da extensa bibliografia sobre partidos políticos no Brasil, os seguintes livros ainda estão em catálogo e podem ser facilmente encontrados:

- Maria Celina D'Araújo (1996), *Sindicatos, carisma e poder: o PTB de 1945-65*. Rio de Janeiro, Ed. da FGV.
- Argelina Cheibub Figueiredo e Fernando Limongi (1999), *Executivo e legislativo na nova ordem constitucional*. Rio de Janeiro, Ed. da FGV.
- Antônio Lavareda (1999), *A democracia nas urnas: o processo partidário-eleitoral brasileiro*. Rio de Janeiro, Revan/Iuperj, 2ª ed.
- Olavo Brasil de Lima Júnior (org.) (1997), *O sistema partidário brasileiro: diversidade e tendências (1982-94)*. Rio de Janeiro, Ed. da FGV.
- Rachel Meneguello (1998), *Partidos e governo no Brasil contemporâneo (1985-1997)*. São Paulo, Paz e Terra.
- Jairo Marconi Nicolau (1996), *Multipartidarismo e democracia: um estudo sobre o sistema partidário brasileiro (1985-1994)*. Rio de Janeiro, Ed. da FGV.

Sobre o autor

Rogério Schmitt (rschmitt@usp.br) é professor visitante do Departamento de Ciência Política da Universidade de São Paulo (USP). Doutor em ciência política pelo Instituto Universitário de Pesquisas do Rio de Janeiro (Iuperj), integra o grupo de trabalho "Mídia, opinião pública e eleições", da Associação Nacional de Pós-Graduação e Pesquisa em Ciências Sociais (Anpocs). Membro da Associação Brasileira de Ciência Política (ABCP), tem artigos publicados nas revistas *Dados*, *Novos Estudos Cebrap* e *Lua Nova*.

Coleção Descobrindo o Brasil

direção: Celso Castro

A modernização da imprensa (1970-2000)
Alzira Alves de Abreu

O Brasil no império português
Janaina Amado e Luiz Figueiredo

Os intelectuais da educação
Helena Bomeny

A era do rádio
Lia Calabre

A invenção do Exército brasileiro
A proclamação da República
Celso Castro

O Estado Novo
Maria Celina D'Araujo

A belle époque amazônica
Ana Maria Daou

O livro e a leitura no Brasil
Alessandra El Far

O pensamento nacionalista autoritário
Boris Fausto

Os índios antes do Brasil
Carlos Fausto

Os brasileiros e a Segunda Guerra Mundial
Francisco César Ferraz

Rebeliões no Brasil Colônia
Luciano Figueiredo

Palmares, ontem e hoje
Pedro P. Funari e Aline V. Carvalho

A arte rupestre no Brasil
Sambaqui: arqueologia do litoral brasileiro
Madu Gaspar

As formas do espaço brasileiro
Pedro Geiger

Cidadania e direitos do trabalho
Angela de Castro Gomes

Negros e política (1888-1937)
Flávio Gomes

Código Civil e cidadania
Keila Grinberg

Como falam os brasileiros
Yonne Leite e Dinah Callou

Uma viagem com Debret
Valéria Lima

O nascimento da imprensa brasileira
Isabel Lustosa

Escravidão e cidadania no Brasil monárquico
Hebe Maria Mattos

Os evangélicos
Clara Mafra

O sindicalismo brasileiro após 1930
Marcelo Badaró Mattos

O período das Regências (1831-1840)
Marco Morel

Da Bossa Nova à Tropicália
Santuza Cambraia Naves

Arqueologia da Amazônia
Eduardo Góes Neves

História do voto no Brasil
Jairo Nicolau

O Brasil dos imigrantes
Lucia Lippi Oliveira

Política externa brasileira
Leticia Pinheiro

Ditadura militar, esquerdas e sociedade
Daniel Aarão Reis

A Independência do Brasil
Iara Lis C. Souza

Partidos políticos no Brasil (1945-2000)
Rogerio Schmitt

O Império em procissão
Lilia Moritz Schwarcz

Modernismo e música brasileira
Elizabeth Travassos Lins

A fotografia no Império
Pedro Karp Vasquez

Brasil de todos os santos
Ronaldo Vainfas e Juliana Souza